61세 주부, 작가가 되다.

61세에 도전하는 책 쓰기 수업

프롤로그 : 가슴 뛰는 삶을 살자

지금은 고등학교 국어 교사가 된 아들이 한 말이다. 원하는 대학교 사학과를 가기 위해서 반수를 하기로 하였다. 국립사범대학 국어교육과 1학년 여름 방학에 집으로 온 아들이 "엄마, 오늘 종강 때, 교육학 교수님의 강의를 듣고 갑자기 누군가를 가르친다는 사명감에 가슴이 뛰었어요. 반수 하지 않을게요."

가슴이 뛴다는 표현이 나를 가슴 설레게 했다. 무엇이 그토록 바라던 것을 포기하면서까지 아들의 가슴이 벅차오르며 뛰었을까?

나는 생각했다.
내 나이 61살이 되도록 가슴 뛰는 일이 무엇이 있었을까? 바로 답을 찾았다. 꽤 먼 길을 돌고 돌아 지금에서야 첫발을 내디뎠다. 후회하지 않을 자신이 없었다. 글을 쓰는 것을 포기하는 것은 내 삶의 의미를 포기하는 것과 같았다.

평범하지만 소박한 나의 이야기 보따리를 풀어 헤치는

용기도 필요했다. 출발 선상이 다른 우리네 각자의 인생에서 도달하는 인생의 종착지는 과연 어떤 모습일까, 그려보는 설렘은 글을 쓰면서도 행복하다.

어릴 적 10살 꼬마 아이에게 던져 주었던 실낱같은 칭찬은 꿈이 되어 지금 활짝 필 날만 기다리고 있다. 칭찬은 꿈을 꾸게 하고, 꿈을 이루게 한다. 더 늦기 전에, 평생 간직한 작가의 꿈에 도전하는 나를 스스로 칭찬하고 쓰다듬어 주고 싶다.

'잘 견뎌왔다고'
'잘 버텨왔다고'

그래서 누군가에게 나도 가슴이 뛰는 글을 쓰고 싶다.

목차

프롤로그 : 가슴 뛰는 삶을 살자

1장. 왜 61세에 책 쓰기인가?
- 책 쓰기는 즐거운 일이다.
- 가슴 뛰는 인생이 된다.
- 평생 간직한 꿈이다.
- 후회할 뻔하다.

2장. 책 쓰기는 인생 역전이다
- 책 쓰기는 내 인생이다.
- 책 쓰기는 도전이다.
- 책 쓰기는 행복이다.
- 책 쓰기는 인생 3막이다.

3장. 책 쓰기가 없다면 내가 없다
- 무기력한 삶이다.
- 심심한 인생이다.
- 사는 의미가 없다.
- 내가 나를 모른다.

4장. 60대 주부 작가가 되는 다섯 가지 책 쓰기 방법

– 첫 번째 : 실력 있는 멘토를 찾아라. _ 멘토

– 두 번째 : 자신의 내면을 보아라 _ 내면

– 세 번째 : 지금 당장 시작하고 실행하라 _ 실행

– 네 번째 : 자신을 과소평가 하지 마라 _ 확신

– 다섯 번째 : 멈추지 마라. _ 지속

5장. 나는 이렇게 작가가 되었다.

– 도전하기에 늦은 나이는 없다.

– 두려움을 버리면, 길이 보인다.

– 칭찬은 꿈을 꾸게 한다 .

– 포기하지 않았다.

에필로그 _ 꿈은 이루어진다.

1장. 왜 61세에 책 쓰기인가?

- 책 쓰기는 즐거운 일이다.

내 나이 61세, 훌륭한 멘토를 만났다. 인생의 한복판에서 뜻밖에 좋은 인연이 되었다. 나이 60이 넘고 보니 뭔들 즐거우랴마는 요즘은 어린아이처럼 매일 설렌다. 세상은 오늘도 여전히 변함없다. 내가 변하고 있다.

유난히도 지루했던 여름이 서서히 뒤꽁무니를 빼고 있다. 장마와 폭염이 번갈아 가며 사람들을 괴롭혔다. 우리 집에는 백수가 두 명 살고 있다. 30년 군 생활을 전역한 남편의 시계는 어김없이 규칙적으로 돌아간다.

불볕더위 한낮에 가방을 꾸려 시골 카페에 간다. 구석진 자리에서 각자 할 일을 한다. 부부가 책 쓰기를 하고 있다. 34년을 동고동락한 남편과는 동지와도 같다. 다만 8개월 빠른 오빠 대접을 원하지만 어림도 없다.
남편이 말한다. "오뉴월 하루 땡볕이 얼마나 따가운지 아나? 8개월 동안 더 먹은 밥그릇 수도 많은데 어디 친구처럼 되려고 하나?" 깔깔 웃는다.

책 쓰기를 시작했다. 꼭 즐겁지만은 않다. 글을 쓰기 위해서 머릿속의 엉클어진 많은 생각들을 정리한다. 살면서 책 쓰는 업을 삼지 않은 이상 어렵다. 멘토 선생님이 말했다. "쓰면 됩니다. 책 쓰기를 하면 인생이 달라집니다." 책 쓰기 첫 수업 시간에 용기를 주었다.

'노년을 풍요롭게 보내고, 나아가 노년을 인생 최고의 전성기로 꽃 피울 수 있는 최고의 방법이 있다. 바로 글쓰기를 하는 것이다.' (김병완의 책 쓰기 혁명 중에서) 오늘 나의 시간은 시속 61 Km. 생각보다 빠른 속도로 달린다.

노년을 지혜롭게 보내려면 그동안의 생활 방식을 벗어나 새로움에 도전하는 것도 필요하다. 더러 생소한 도전이 계획과는 반대로 일이 진행될지라도 인생의 노년에 한 번쯤 도전하는 것도 나쁘지 않다.

책 쓰기는 소소하게 즐거움이 있다. 60년 인생의 영화 같은 파노라마가 쫙 펼쳐진다. 내가 그 영화의 주인공이 되어 뛰어노는 것이 책 쓰기이다. 책 쓰기는 삶을 치유하는 묘약이 들어있다. 내 인생을 다독여주는 포근한 엄마 품 같다. 즐거움을 찾는 방법은 여러 가지다. 나는 책 쓰기를 하면서 즐겁다.

즐겁기만 한 인생이 어디 있을까? 즐거움 속에 가미된 보이지 않는 고통과 시련이 즐거움을 더 달콤하게 한다. 맹탕의 즐거움에 인생의 짜고 맵고 단 맛의 조미료가 첨가되어야 비로소 즐거움이 오롯이 내 것이 된다.

책 쓰기를 시작할 때 예상했던 일이다. 어찌 즐겁기만 하겠는가? 아픈 기억을 꺼내 세상 밖으로 던질 준비가 충분하지 않았다. 서서히 아물어가고 있는 생채기에 소금을 뿌리는 기분이었다.

책 쓰기는 오히려 고통이다. 쥐어짜고 비틀어도 인생사 특별나지 않다. 한 줄 한 줄 종이 위에 글자가 채워지면 고통이 승화된다. 짜릿한 즐거움을 느낀다. 긴 100세 인생 줄에 걸린 61이라는 숫자는 다양한 형태의 삶을 널어놓고 있다.

61세 가정주부의 손끝에서, 머리에서, 가슴 속에서 품어져 나오는 아린 감정이 고갈되지 않기만을 바란다. 희한한 일이다. 이야기 페이지가 채워질수록 알게 모르게 즐거움이 된다는 것이다.

연륜이 추가뇌어 풍부한 맛을 내는 일만 남아있다. 고통이 고통으로 끝나지 않기를 희망한다. 책 쓰기 시작 점에 같이 출발한 행복 기차는 목적지를 향해 달려간다. 즐거움은 각자의 몫이다.

– 가슴 뛰는 인생이 된다.

멋진 영화를 보고 난 뒤에 행복하다. 그 여운이 오랫동안 남기 때문이다. 누군가의 인생을 훌륭한 연기로 표현한 묘미에 때론 내가 그 주인공이 되기도 한다. 1986년, 병원에서 퇴근하고 혼자 극장에 갔다. 강석우, 안성기, 이미숙, 이혜영 주연의 '겨울 나그네'를 관람하였다.

영화를 보고 난 뒤, 먹먹한 심정을 친구에게 편지를 썼다. 혼자 그 감정을 추스르기엔 가슴이 너무 아팠다. 그 겨울은 몹시도 마음이 추웠다. 한동안 감정의 여파로 몸살 앓이를 했다.

내가 쓴 글이 누군가에게 가슴 뛰게 하는 능력이 있었으면 좋겠다. 글을 읽는 이름 모를 독자도 한 편의 영화를 본 나처럼 가슴이 뛰는 경험을 했으면 좋겠다. 글 속에 나를 속이지 않고 진솔하게 책 쓰기를 한다면 언젠가는 그런 일이 분명히 있을 것이다.

일요일.
회사 기숙사로 복귀하기 전, 스무 살의 나는 꼭 가는 곳이 있었다. 80년대 도시의 거리에는 음악다방이 넘쳐났다, 음악다방은 젊은이들로 북적거렸다. 한 벽을 레코드로 가득 진열한 부스 안에 멋진 목소리의 DJ는 여유 있는 눈빛으로 다방 안을 이리저리 살피곤 했다.

그즈음, 친구가 제일 좋아하는 팝송이라고 소개한 곡이 있다.
멜라니 샤프카의 'The Saddest Thing'
허스키한 그녀의 독특한 목소리는 음악을 통해 감정을 전달하는 능력이 있다.

구석진 자리에 앉아 신청곡과 더불어 그림을 그려 보내면, DJ는 한껏 꾸민 감미로운 목소리로 내 사연을 읽어

주면서 말했다. "누군지 모르지만 그림도 예쁘고 글씨도 예쁘고 글도 아주 잘 쓰시네요. 음악 틀어드립니다."

'세상에서 가장 슬픈 일은 사랑하는 사람에게 안녕이라고 말하는 것'
가슴 절절한 사랑을 해본 적이 없다. 누군가 먼저 다가오면 나는 밀어냈다. 아직 사랑할 여유를 갖추지 못했다고 스스로 낮아졌다.
대학을 졸업하고 병원 근무를 할 때였다. 발등 골절로 4주 진단을 받았다. 부기가 빠지기를 기다려 반깁스를 한 채로 임상병리실에서 근무는 가능했다. 어느 날 한양대를 다니는 내 또래 남자에게서 노란 튤립 한 송이를 건네받았다.

방학을 맞아 병원에 왔다가 나를 본 것이다. 정형외과에 다녀오는 나를 보고 우리 병원에 찾아와서 꽃을 건넨 것이다. 튤립의 꽃말은 붉은색은 사랑의 고백, 보라색은 영원한 사랑, 노란색은 짝사랑, 흰색은 실연, 추억 등 색깔별로 다양한 꽃말을 지녔다.

노란 튤립 한 송이.

키가 크고 눈이 그윽한 그 남학생은 방학 때마다 얼굴을 비쳤다. 개인적인 신상은 거의 알지 못했다. 매력적인 중저음의 목소리가 생각난다. 아버지가 이곳에서 고등학교 윤리 교사로 근무하는 정도, 서울에 있는 한양대학교에 다니는 정도, 형제가 있다는 정도.

나를 좋아한다는 남자는 간혹 있었다. 병원 앞 농협중앙회 직원, 신문사에 다니는 사람, 학교 교사인 남자, 국영기업에 근무하는 남자, 모두 스친 솔솔바람이었다. 잘 알지도 못했다. 병원 사무장님을 통해서, 원장님을 통해서, 병원 직원들을 통해서 종종 간접적으로 소개를 부탁받았다.

대학 친구의 결혼식에서 남편을 만나기 전에 나는 운명을 만나지 못했다.

사람의 인연은 하늘이 정해준다. 언제 어디서 어떤 인연으로 만날지 아무도 모른다. 사랑하는 사람과의 이별로 인해 세상에서 가장 슬픈 일도 지나고 나면 행복이었을지 누가 알랴. 시리도록 쓰라린 사랑의 실연을 겪어 보지 못했으니 어찌 그 사랑의 아픔을 알 수 있겠는가. 그래도 그 아픔을 한 번쯤 겪어봤으면! 좋을 뻔했다.

바야흐로 가을 문턱이 다가왔다. 나는 가을 중에서도 늦가을을 좋아한다. 친구들이 말한다. "보라야, 너는 우리와 같이 있을 땐 분위기를 참 좋게 하는 친구야. 근데 밝고 웃음 띤 얼굴 뒤에 왠지 모를 슬픔이 보여." 맞다. 그랬다. 혼자서는 쓸쓸했다. 근원을 알 수 없는 회색빛 슬픔이 늘 내 주위에 맴돌았다.

'감성적이다' 라는 말이 딱 어울렸다. 클래식 음악과 올드 팝송을 구분 못 했던 시절이 있었다. 좋아하는 음악이 클래식인 줄 알았다. 올드 팝송인 것을 나중에야 알았다. 실수하면서 배워가는 것이다.

글 쓰기가 가슴 뛰는 인생이 되리라 누가 알았으랴! 자연스럽게 터득한 글 쓰기가 책 쓰기로 이어지고 작가가 되는 길로 나를 인도할 줄을. 언젠가 분출될 날을 기다리는 화산처럼 마음속에 잔뜩 내재 되어 있는 불덩어리 같은 열정을 지금에야 뿜어낼 줄이야. 가슴이 뛴다.

살면서 가슴 뛰는 삶을 사는 사람은 얼마나 될까? 순간순간 뒤돌아 보고 다시 제자리에 돌아오는 순환 속에서 지속적인 설렘이 우리를 반긴다면 뭔들 즐겁지 않겠는가?
인생은 살아볼 만하다.

책 쓰기를 하면서 느끼는 감정은 오히려 평온하다. 내 역
량을 뛰어넘는 그 이상을 기대하면 심장이 뛴다. 가슴이
설렌다. 잘 풀어나가자. 61세 가정주부의 글솜씨가 사람
들 마음을 어루만지는 따뜻한 손 길이 되고 싶다.

─ 평생 간직한 꿈이다.

임상병리사로 병원에서 근무할 때의 일이다. 검사실에
중년 남자분이 오셨다. 검사가 끝나고 갑자기 손금을 보
여달라고 해서 의아했지만, 호기심에 손을 내밀었다. 유
심히 내 손금을 보더니, "여기 앉아 현미경을 들여다볼
게 아니다. 문학적인 소질이 가득한 데, 재주를 썩히고
있다."라며 안타까워했다.

순간, 가슴에서 뜨거움이 솟구쳤다. 아껴 두었던 나의 오
래된 꿈이 꿈틀거리면서 그날 하루는 마음이 먹먹하였
다. 글을 쓰고 싶다는 생각은 아주 오래전 일이다. 일기

를 검사받을 때면 선생님은 항상 "보라야, 글을 참 잘 쓰는구나." 하면서 칭찬하셨다.

어릴 적 어려운 가정 환경에 나를 이끌어 줄 사람이 주위에 아무도 없었다. 문예창작과나 국문과를 가야 했지만 스스로 모든 일을 고민하고 결정해야만 했다. 뜬금없는 임상병리사도 그랬다. 가난에서 벗어나 전문직을 가져야 한다는 강박감이 있었다. 강박감 때문에 선택한 임상병리학과는 대학 다니는 내내 나를 괴롭혔다.

대학에서 문예부 차장으로 활동했다. 현장 견학이나 동문이 근무하는 대학병원을 찾아가 취재하고 글을 쓰는 일이 즐거웠다. 전공 공부보다 훨씬 더 재미있었다. 병원에 근무한 지 3년이 지나 통장에는 소소하게 돈이 모였다. 서울에 있는 전문대학이라도 문예창작과를 편입하고 싶었다. 1989년에는 겁이 많았다. 일가친척도 없고 홀로 서울로 상경한다는 것은 큰 용기가 필요했다. 편입할 정도의 돈은 충분하게 모았지만 두려움에 꿈을 잠시 접어야 했다.

'나는 언젠가는 꼭 글을 쓰는 작가가 될 거야.' 하는 꿈을 다시 한 번 더 단단하게 다지게 되었다.

올해 나이가 61세다. 더 늦기 전에 평생을 간직하고 바라던 작가에게 도전하고 있다. 그때가 바로 지금이다.

대학 다니던 1983년 6월
전국적으로 '이산가족을 찾습니다.' 라는 프로그램이 텔레비전 앞으로 사람들을 불러 모았다. 특히 6.25 전쟁 중의 피난길을 떠나면서 남과 북 또는 남한과 해외로 생이별을 안 이산가족을 찾는 방송은 볼 때마다 눈시울이 붉어졌다. 가족의 생사도 모른 채 흩어져 사는 사람들의 온갖 사연을 보면서 다 함께 울었던 기억이 새삼 떠오른다.

그 당시, 대구 KBS한국방송에서 '이산가족을 찾습니다.' 시청 소감 공모전이 있었다. 대학 1학년인 나는 느낀 소감을 담백하게 공모하였는데, 입선으로 수상 참석을 하라는 연락을 받았다.

글을 쓰는 것은 자연스러운 일이었다. 기회가 오면 나의 감정을 차분하게 정리하면서 글을 투고한다거나 메모하였다. 부족한 기본 지식에 한계를 느껴 자존감도 많이 떨어졌지만, 멈추지 않고 지금도 진행 중이다.

아이들도 엄마가 글 쓰기를 좋아하는 그것을 안다. 연극영화과를 졸업한 딸아이가 어느 날, "엄마, 내가 책 쓰기 수업 전문가를 아는데, 엄마도 수업받아 보실래요?" 몇 년 전에는 직장을 다니고 있어서 시간적인 마음의 여유가 없었다. 또 그만한 수업료를 가정주부인 내가 감당하기가 조금은 부담이 되기도 했다.

그 말은 머릿속에 항상 맴돌았다. "내가 조금 보태 줄 거니까 엄마는 꼭 책 쓰기 수업을 받아요." 딸의 진심이 느껴졌다. 1960년 초반에 태어난 나는 모든 것이 가정이 우선이었고, 아버지의 말이 곧 법이었다. 완고했고 무서웠으며 딸 다섯에 아들 하나인 우리 집에서는 무조건적인 순종 생활 속에서 말도, 의견도 제대로 표현하지 못하고 살았다.

아버지가 갑작스럽게 뺑소니 교통사고를 당하시고 그야말로 집안은 풍비박산이 되었다. 셋째 딸인 9살 나는 겨우겨우 살아가는 가정형편에 일찍 철이 들었고, 포기하는 법을 알았으며, 현실에 순응하면서 살아가는 아이가 되었다.

그러나 가난한 그 아이는 무언가를 글로 표현할 때가 가장 행복했다. 일기장에 빼곡하게 적어 놓은 구구절절한 슬픔의 조각들이 먼 훗날에도 기억이 났다. 삶이 곧 글이고, 글이 곧 그 사람의 삶이기 때문이다.

가끔 생각해 본다. 아무도 그 누군가의 간절한 꿈을 뺏지 못한다. 기회가 늦어서 시간이 오래 걸릴 뿐, 꿈은 사람을 살아가게 하는 힘이고 옳은 방향으로 나아가게 인도한다. 실천도 하지 않고 후회하기보다 도전해 보고 후회하는 편이 훨씬 값지다는 것을 깨닫는다.

아무도 내 인생을 대신 살아주지 않는다. 나는 책 쓰기 수업을 통해 내 인생 3막을 정말 후회하지 않을 자신이 있다. 왜냐하면 나는 도전했기 때문이다. 내 평생의 꿈이니까!

2024년 봄, 지역 문화원의 우쿨렐레 수업에 참석하였다. 15명 정도 수강생이 함께 배웠다. 거의 6년 만에 다시 배우는 우쿨렐레 수업이 재미있었다. 악기 하나 정도는 다룰 수 있어야 한다는 평소 신념을 실천하기에 좋은 기회였다.

일주일에 월, 수 이틀 프로그램이 진행되는데, 둘째 날, 나이가 일흔이 넘는 어느 수강생분이 휴식 시간에 나에게 왔다. 나는 초면인데, 그분은 나를 조금 아는 눈치였다.

사람들이 차 한 잔 마시면서 도란도란 얘기를 나누고 있는데, 갑자기 "다들 여기 보세요. 보라 씨는 우쿨렐레를 배울 사람이 아니에요. 글을 쓰세요."라고 해서 순간 얼굴이 확 달아올랐다.

당황스럽고 부끄럽기도 해서 "아니에요. 저는 글을 잘 쓰지 않아요." 했더니 누군가에게 들었다면서 "글 쓰는 재주가 있는 것 같으니까 잘하는 것, 좋아하는 것을 하라"고 말해주었다. 인생에 기회는 많지 않다면서. 또한 의외로 시간도 많지 않다면서.

참 이상한 일이었다. 이 좁은 군 소재지에서 나를 어떻게 알고 있었을까? 그분은 상반기 수업을 받는 동안 수시로 나에게 글을 써야 한다고 용기를 주었다. 내가 평생을 간직한 꿈을 이토록 진심으로 믿어주고 격려를 해주는 그분한테 감사드린다.

－후회할 뻔하다

소심하고 외향적인 성격이 반반 섞여 있는 A형 같은 O형이다. 어릴 때 가난 때문에 스스로 주눅이 들었다. 초등학교 5학년 때이다. 담임 선생님이 우리 반 대표로 웅변을 시켰다. 국어책을 읽을 때도 얼굴이 빨갛게 달아오르고 목소리가 기어들어 가는 수줍은 아이였다.

사람 앞에 나서서 하는 것은 부끄럽고 자신이 없었다. 빽빽하게 반공이 주 내용인 9장의 원고를 다 외웠다. 전교생이 몇천 명 되는 학교 운동장의 단상에 올라가 웅변했다. 외운 내용을 한 번씩 주먹도 쥐고 우렁차게 열변을 토했던 기억이 난다. 최선을 다했다.

비록 등수 안에 들지 않았지만, 선생님들이 "그 많은 원고를 어떻게 다 외웠나? 보라는 머리가 참 영특하다."라고 칭찬했다. 몇천 명 군중 앞에 서는 경험은 그때가 처음이다. 결과가 중요하지 않았다. 도전하지 않았으면 그 기분을 느끼지 못했을 것이다.

책 쓰기를 하지 않았다면 평생을 후회할 것 같았다. 나에게 어떤 인생을 살고 싶은가는 중요하다. 어떤 방식으로 인생 후반을 마무리할 것인지 나에게는 매우 중요한 일이다. 행동에 따라 삶의 방향이 달라지고 있다.

그 무엇과도 바꿀 수 없는 내 인생 여정이 책 쓰기에 녹아 있다. 내 이야기는 나만이 온전하게 풀어놓을 수 있다. 평범하지만 똑같지 않은 우리네 인생! 후회할 땐 하더라도 책 쓰기는 도전해 보자.

임상병리사 면허는 필기시험 합격 후, 다시 실기시험에 합격해야만 최종 의료기사 면허증을 취득한다. 실기시험은 우리 몸의 장기가 일부분 포르말린 용액에 담겨 나와 그 장기를 맞춰야 되는 문제가 3~4개 정도 나온다.

학교에서는 대부분 장기의 특징에 대한 이론을 배웠다. 실제로 인체 장기를 자세하게 직접 보는 일은 드물었다. 필기시험 합격 후, 운 좋게도 대학병원에서 해부학을 접할 기회가 생겼다. 사람 사체도 처음 보지만, 사체 해부는 더군다나 상상도 못 했다.

우리는 사체 해부하는 곳으로 안내받았다. 병원 특유의

코를 찌르는 소독 냄새가 물씬한 곳은 대낮인데도 으스스한 기분이 들었다. 큰 방 한가운데에 금속 침대가 놓여 있었고, 그 위에는 젊은 남자 시체가 누워 있었다. 서늘한 냉기가 우리를 압도했다.

처음 본 광경에 나를 포함한 여학생들은 연신 고개를 뒤로 돌렸다. 무섭고 끔찍하고 두려움에 사로잡혔다. 사연을 들어보니 젊은 남자는 27세였다. 감기인 줄 알고 동네 약국에서 감기약을 먹었는데 낫지 않아 뒤늦게 병원을 찾았더니 폐렴이 온몸을 뒤덮어 손을 쓸 수가 없었단다. 너무 늦게 병원에 온 것이다.

청년 유가족들이 병원을 못 믿어 부검 하기로 결정했단다. 해부학 교수님과 다른 의사 선생님, 간호사, 유가족, 경찰의 입회하에 신속 정확하게 시작되었다. 고요함 속에 부검이 진행되었다.

사람의 몸이 적나라하게 펼쳐졌다. 이유 없이 눈물이 맺혔다. 한 사람의 인생이 저렇게 조각이 나는구나! 슬펐다. 정신이 혼란스러웠다. 삶과 죽음에 대한 의문이 생겼다.

축 늘어진 몸에 사정없이 진행되는 부검에 아무도 말이 없었고, 침 삼키는 소리도 들리지 않았다. 병원 진단처럼 목구멍부터 가슴팍 밑까지 누런 염증이 가득한 몸을 보고서야 유가족들은 인정하는 분위기였다.

그날 집으로 돌아와 일기장에 글을 썼다. '정말 잘 살아야겠다. 죽으면 한 줌 흙으로 돌아가는 인생, 허무하다.' 자꾸만 축 늘어진 청년의 몸이 생각났다. 꽃도 피워보지 못하고 세상을 떠난 청년이 안타까웠다. 의사 선생님들이 새삼 다시 보였다. 존경스럽다.

후회하지 말자. 한 번 사는 인생 제대로 살아보자. 결론을 내렸다. 책 쓰기를 하지 않았다면 나는 후회막심했을 것이다.

서두르지 말자. 늦게 핀 꽃도 꽃이다. 모든 것은 때가 있는 법이다. 봄에 피는 꽃은 봄에 펴야 제 생명을 다한다. 크기도, 모양도, 생김새도, 향기도 다르다. 각자 제 몫을 하고 있다. 작고 가냘픈 꽃일지언정 뿌리를 내리지 못하면 꽃을 피울 수가 없다. 죽은 목숨이다.

욕심이 전부가 아니다. 일 년 중 가장 일찍 개화하며 추운 겨울의 종식과 봄의 시작을 알리는 매화를 보라! 인고의 시간을 견디고 1월을 지나 2월부터 3월에 화려한 꽃을 피운다. 4월이면 최고조에 이른다. 기다릴 줄 알아야 한다. 봄꽃은 봄에 피어야 봄꽃이다. 단순한 세상 이치에서 겸손함을 배운다.

자연적 아름다움을 품은 안개꽃은 묶음이 더 아름답다. 안개꽃 자체보다 다른 꽃을 받쳐 줄 때 더 빛이 난다. 상대를 돋보이게 해주는 꽃이다. 사람도 사람과의 관계에서 서로 빛이 나야 한다.

제 계절에 피어나는 아름다운 꽃은 시간을 서두르지 않는다. 예쁘다고 으스대지 않는다. 제각각 홀로 뽐내지만 경망스럽지 않아 좋다. 서두르면 망칠 수 있다. 실력을 쌓고 내면의 소리를 들으며 마음이 이끄는 곳으로 닻을 내리면 된다.

나는 책 쓰기 배에 안착했다.

제2장. 책 쓰기는 인생 역전이다

-책 쓰기는 내 인생이다.

결국은 모든 것이 나에게로 종결된다.
내 인생의 주인공이 나이기 때문이다. 누군가 내 인생을 대신 살아줄 수도 없을뿐더러, 다시 시작한다고 해도 내가 짊어지고 가야 할 숙제이기도 하다.

어릴 때부터 화목한 가정을 가장 부러워하였다. 엄마, 아빠 그리고 형제, 자매가 오순도순 정겨운 모습을 항상 그리워했다. 인생사 앞일을 내다보고 그리는 사람은 아무도 없다. 우리 집도 마찬가지다.

책 쓰기 수업을 참가하면서 가장 걱정되는 것이 내 사생활을 공개한다는 것이었다. 쉽지 않는 결정이었다. 개인적인 부분은 내면에 깊숙이 넣어두고 싶었고, 굳이 다른 사람에게 오픈할 필요가 있나? 고민이 많았다.

개인적으로 감추고 싶은 시절이 내가 가장 힘들었고, 다시는 돌아오지 않은 예쁜 10대 시절이 없었기 때문이다. 하얀 칼라가 눈부신 교복을 입고 평범하게 공부에만 열중하고 싶었던 그 시절은 나에겐 기회조차 주어지지 않앉다. 돌이킬 수 없는 내 가슴 밑바닥 슬픔의 원천은 놓쳐버린 꿈 많은 10대 시절이었다. 꿈은 있었지만, 꿈을 꾸기엔 가정형편이 너무 엉망진창이었다.

친구의 오빠가 시인으로 활동하고 있을 때였다. 나를 조용하게 불렀다. "보라야, 어린 나이에 집을 도와주는 것은 너무 미미해서 큰 의미가 없을 거야. 차라리 힘들어도 공부해서 좋은 직장을 가지고 난 뒤에 집을 도와주는 게 더 좋지 않을까?" 나도 알고 있었다. 하지만 작은 돈이나마 우리 집에는 절실하게 필요했다, 그 당시에는.

'왜 우리 집은 나를 공부시키지 않을까?'

뺑소니 덤프트럭에 교통사고를 당해 온몸을 깁스한 채로 2년 가까이 병원에 입원한 아버지를 둘째 언니가 병간호하였다. 중환자였다. 천만다행으로 치료에 차도가 생겨 일반병실로 옮길 때까지 대소변은 물론 하루 24시간 간병해야 했다.

태어난 지 두 돌도 지나지 않은 막내 여동생을 둘러업고 엄마는 동분서주 혼자 바빴다. 몇 달을 얼굴도 보지 못했다. 아버지를 살리기 위해 백방으로 뛰어다녔다. 초등학교 6학년 큰언니가 실질적인 가장이 되어 어린 동생들을 돌보았다.

나의 초등학교 3학년 겨울방학은 잊을 수 없다. 내 인생의 전환점이었다. 가족 모두의 인생에 큰 전환점이었다. 1월의 날카로운 칼날 바람보다 더 위력적인 운명의 폭탄은 피할 새도 없이 마구 쏟아졌다. 처참하게 무너졌다.

아버지는 여전히 온몸에 반깁스 상태로 퇴원했다. 아버지가 할 일은 아무것도 없었다. 오히려 아버지의 역정에 가족 모두 매일 매일 살얼음판을 걷는 기분이었다. 다리에 철심을 박고, 남의 피 8개를 몸에 넣어 본인조차 감당이 되지 않는 재활 시기는 우리 가족 모두에게 생각하고 싶지 않은 고통의 세월이었다.

손재주가 유난히 좋아 조그마한 가내공업을 하셨다. 직접 과자를 굽고 만들어서 인근 지역까지 공급하며 실력을 인정받았다. 안정적인 생활을 유지하고 있었는데, 어느 날 갑자기 닥친 불행은 모든 것을 원점으로 돌려놓았다.

빵소니 사고로 인해 병원비는커녕 돈 한 푼도 받지 못했다. 2년 가까운 병원 생활은 집과 작은 공장도 다 날리고, 월세 2천 원짜리 방 두 개를 얻어 8식구가 옹기종기 궁색하게 살았다. 나이답지 않게 너무 일찍 철들었다. 애늙은이가 되었다.

공부하고 싶다고, 중학교를 가고 싶다고 떼를 쓰기엔 너무 처참한 가정형편은 내 성장의 골목 골목을 단단하게 지키고 앉아 나를 너무 슬프게 했다. 그 골목을 빠져나오기 위해서 나는 늘 나를 지켜야 했다. 더 단단하게.

학교에서도, 이웃에서도, 주위에서도 내가 공부할 수 있도록 도움을 주겠다고 하는데도 아버지는 마음을 굳게 닫았다. 그럴 형편이 되지 않는 걸 누구보다 잘 알고 계셨으리라.

친정아버지가 돌아가시기 몇 년 전에 전화해서 하신 말씀이 지금도 가슴을 치고 있다. 가벼운 안부 전화로 시작하여 갑자기 "옛날에는 다 그렇게 살았다."라고 하시면서 전화를 끊었다.

이유도 모른 채, 나는 30분을 꺽꺽 소리 내면서 울었다. 아버지는 딸에게 차마 미안하다고 말씀하지 못하고 이렇게나마 표현했다. 그동안 미워했던 마음도, 원망했던 마음도 그날 이후 시간이 흐르면서 부모님의 삶을, 더 이해하려고 노력했다.

1982년 겨울, 친한 친구와 대구 동성로에서 만났다. 그 친구도 재수 생활로 대학 진학을 고민하고 있었고, 나 또한 집에서 대학 진학을 반대했으므로, 둘이 역술가에게 우리의 운명을 물어보기로 했다.

나는 본명이 마리안나, 가톨릭 신자다. 대학을 졸업하고 병원 근무를 하면서 성당에 다니기 시작했다. 지금 생각해 보면 웃음이 난다. 앞날에 대해 막막한 심정일 때, 친구가 먼저 제안했다. 어두컴컴한 2층 계단을 올라가 문을 열고 들어가니 근엄한 표정의 남자분이 앉아 계셨다.

그분도 참으로 난감했으리라 생각된다. 21살의 젊은 여성 두 명이 심각하게 상담을 받으러 왔으니. 친구의 이야기가 끝나고 내 차례가 되었다. 아무 말없이 손금을 보고, 얼굴도 훑어 보고, 생년월일과 태어난 시를 물어봤다.

"초년에 부모 복이 없다. 재물복이 없다. 예술적인 면이 좋다. 특히 글솜씨가 좋다."고 풀이해 주었다. 그럼에도 당장 마땅하게 해결책은 없었다. 친구와 나는 잠깐이라도 무거운 짐을 벗어 던진 모습으로 12뻘의 차가운 겨울 바람을 맞으며 하염없이 길을 걸었다.

글 쓰는 것을 좋아한다. 기초도 배우지 않았고, 누군가의 지도를 받은 적은 없지만 내가 쓴 글을 보고, 읽고, 마음의 위안을 받는다는 이웃도 만났다. 유유히 흐르는 시냇물처럼 담백하고 은은하다는 친구도 있었다.

책 쓰기는 내 운명처럼 나를 향해 날개 짓하며 다가오는 것이 보인다. 어떤 상황에서도 놓치지 않고 감싸안고 있었던 보물단지처럼.

내가 살고 있는 곳에서 "섬강 라디오' 진행자를 모집하였다. 우연한 기회에 공고를 보고 재빨리 신청하였다. 면접을 통과하고 난 뒤에 몇 회기 교육을 받았다. 방송원고 쓰는 법, 음향 조절하는 법, 신청 노래를 틀어주는 법

등 제법 까다로웠다.

지역아동센터에서 저녁 7시 퇴근하고 곧장 교육받으러 열심히 다녔다. 내가 좋아하고, 흥미롭고, 호기심이 생기고 무엇보다도 방송원고를 직접 작성하는 그것이 재미있었다. 피곤하지도 않았다.

저녁 식사 후, 종합운동장을 걸으면서 운동하는 지역 주민을 위한 방송이기도 했지만, 군 소재지 어느 곳이든 청취할 수 있었다. 라디오 방송을 참고하면서 사연을 읽어주고 하루 두 시간, 일주일에 한두 번 방송하는 일은 매우 짜릿한 경험이었다.

날씨에 따라, 계절에 따라, 생활에 따라 사연을 다르게 작성했으며, 노래도 그날그날 분위기에 맞게 선택하였다. 내 목소리를 들으면서 발걸음이 좀 더 활기가 넘치기를 바라고, 오늘 하루를 감사하게 마무리할 수 있었으면 하는 마음으로 오히려 내가 더 행복한 시간이었다.

그즈음, 방송했던 원고를 찾아보았다. 용기 내어 도전한 '섬강 라디오' 진행자의 사연은 내 인생의 한 조각처럼 추억에 젖게 한다. 어설펐지만 신선했다.

–이번 주 토요일, 내일이네요.
서울에 남편 지인 결혼식을 갑니다. 벌써 고속버스표를
예매했어요. 원주에서 청량리 가는 기차는 매진이어서
조금 아쉽네요.

기차를 타고 떠나는 여행은 꽤 낭만이 있는 것 같아요.
작년에 정선을 남편과 함께 가을쯤에 기차여행을 한 적
이 있어요.
자가용보다는 조금 불편한 점이 있지만 마음 편하게 차
창 밖의 경치를 바라보는 여유도 생기고, 남편과 도란도
란 이야기도 나누고 삶은 달걀을 까먹으면서 옛날 추억
도 꺼내 웃기도 하면서 하루를 즐겁게 보낸 시간이었어
요.

청취자 여러분은 여행을 어디 다녀오셨나요?
해외여행이 자유롭다 보니 한 집 건너 외국 여행을 많이
갔다 오는 것 같아요.
시간이 되지 않아서 아니면 경제적인 여유가 없어서 여

행을 다니지 못하시는 분들은 가까운 곳이라도 주말에 시간 내서 한 번 다녀오시면 조금은 마음의 충전이 되겠죠?

사실 저도 올 초부터 직장을 다니기 시작해서 첫 번째는 시간이 없어서, 두 번째는 경제적인 이유도 있어서 여행을 떠나지 못해서 아쉽네요.

스윗소로우의 ' 괜찮아 떠나 ' 노래 듣겠습니다.-

사람마다 인생은 천차만별이다. 각양각색의 그림이다. 인생이라는 큰 그림을 놓고 보면 평범한 삶이 가장 어려울지도 모른다. 그렇게 행복하지도, 그렇게 불행하지도 않다면 분명 축복받은 인생이다.

남편은 내게 말한다. "어느 집 대문을 열고 들어가도 한 가지씩 힘든 일은 꼭 있다. 남의 떡이 커 보이는 이유는 그 크기를 알 수 없을 뿐, 작고 큰 어려운 일은 누구에게나 있을 것이다." 라고 위로한다. 내가 짊어진 짐이 가장 무겁다는 피해의식에서 벗어나지 못했기 때문이다.

거의 10년 넘게 가난하게 살았다. 가족 전체가 가난에

허덕였다. 가난에서 벗어날 방법이 보이지 않는 암흑 그 자체였다. 똘망똘망 연년생 6남매와 부모님, 교통사고로 다리를 심하게 다쳐 잘 걷지도 못하는 아버지, 가정 경제를 책임지기 위해 밤낮 할 거 없이 일에 지친 고달픈 엄마.

힘들다고 속으로 투덜투덜 댔다. 엄마의 젊은 인생도 그대로 사라져 버렸다. 부잣집 딸로 태어난 엄마는 단지 여자라는 이유 하나만으로 제대로 공부할 기회도 없었다. 이 모진 풍파에 엄마는 그야말로 억척스럽고 악바리로 변하였다.

너무 힘들어 모든 것을 내려놓고 싶다는 생각에 넋을 놓고 앉아 있는 엄마에게 어느 날, 뜻하지 않는 운명이 찾아왔다. 활짝 열린 대문으로 스님 한 분이 "시원한 물 한 잔 부탁합시다." 물 한 잔을 마시고 난 뒤 스님은 근심이 가득한 엄마에게 "보살님, 걱정하지 마세요. 지금 고생은 나중에 웃으면서 얘기할 날이 꼭 올 겁니다."라는 말을 남기고 떠나갔다.

거짓말 같은 현실이 왔다. 외갓집 땅이 신도시 개발로 보상을 받았다. 엄청 많은 돈이었다. 1987년, 친정엄마는 땅 보상비 1억을 받았다. 그 당시에 1억을 은행에 넣어 놓으면 한 달 이자가 240만 원이 조금 넘었다. 세상이 바뀌었다. 우리 집 사정이 역전되었다. 사람 일이란 모른다.

큰 언니, 둘째 언니, 나, 세 명은 공부를 제대로 못 했다. 발버둥을 쳐도 할 수가 없었다. 밑에 동생 세 명은 혜택을 받았다. 형제, 자매여도 형편에 따라 보는 관점이 달랐다. 다를 수밖에 없다. 경험치가 다르기 때문이다.

둘째 언니가 장남 노릇을 했다. 신협에 다니면서 가정 경제에 많은 도움을 주었다. 엄마의 땅 보상비로, 세 들어 살고 있는 집을 두고 군 소재지에 처음 분양하는 민간아파트를 분양받았다.

그러나 내 기억 속의 나는 여전히 가난했던 10살 아이로 남아있었다. 평생을 살아오면서 지울 수 없는 아픈 상처였다. 치유되기엔 시간이 필요했다. 책 쓰기를 하면서 가장 고민했던 부분 역시 자존감이 낮았던, 앞이 보이지 않았던 나의 십 대 시절을 어떻게 풀어 가느냐가 문제였다.

책 쓰기는 내 인생이다. 숨기고 싶은, 감추고 싶은, 말하고 싶지 않은 내 인생이다. 하지만 얼기설기 엉킨 실타래 같은 과거의 내 인생조차도 풀어나가야만 하는 것이 책 쓰기다.

- 책 쓰기는 도전이다.

' 서울대학교 온라인 한국어교원 양성 과정(13기) '

신문 지면에 난 모집공고를 보았다. 서울대학교 평생교육원에서 주최하는 교육이다. 겁도 없이 덜컥 지원하였다. 내가 생각해도 무모했다.

대학 졸업장, 대학 성적표를 제출해서 통과했다. 나는 이 과정을 매우 중요시했다. 큰 그림을 그린 것이다. 나중에 책을 낸다면, 작가가 된다면 한국어 공부가 도움이 될 거라고 확신했다. 기회를 놓칠 수 없었다.

내가 태어나서 서울대학교 공부를 해보다니! 서울대 교수님들의 강의를 듣다니! 꿈만 같았다. 문법부터 어휘력 등 전반적인 한국어 과정을 자세하게 배웠다. 나중에 아들이 국어교육학과를 다닐 때 참고하라고 인쇄한 교본을 보내 주었다.

"우리 엄마, 참 대단하네요." 아들은 엄마를 격려해 주었다. 이론 과정을 통과하고 실습이 남았다. 서울대학교에 직접 가서 PPT로 발표해야 하는 과제였다. 각자 다른 주제로 외국인과의 대화를 실습하는 과제였다.

그전까지 PPT를 만들어 본 적이 없었다. 워낙 컴맹이기도 하지만 수료증을 이수하기 위해서는 이 과정을 꼭 통과해야 했다. 같은 아파트에 사는 고등학교 여학생에게 아르바이트를 부탁했다.

같이 PPT를 만들자는 부탁을 받아주어 우리 집에서 주제에 맞게 강의 자료를 완성하고 몇 번 실습까지 했다. 서울대학교 실습수업에 참석해 보니 나 혼자 전업주부였다. 나이도 가장 많았다. 서울대학교 박사과정 학생, 조교, 고등학교 교사, 영어유치원 원장, 사업가 등 모두가 전문가였다.

본격적인 실습 과제 발표에 앞서 소개 시간이 되었다. 전업주부인 내게 시선이 쏠렸다. 괜히 부끄러웠지만 응원하는 모습에 용기를 얻었다. 도전은 언제나 모험이다. 울퉁불퉁 가시밭길도 있고, 순탄한 내리막길도 있지만 알 수 없는 도전의 끝은 어떤 모습으로 나를 반길까? 항상 궁금하다.

2015년 2월 16일 드디어 서울대학교 평생교육원장 명의로 '한국어교육 전문 지도자' 이수증서를 교부받았다. 한 장의 종이 안에 내 노력의 대가가 담겨 있어서 뿌듯했다. 그 밖에도 독서. 논술 지도사 중급 과정을 이수했으며, 다문화 한국어지도사 과정도 수료하였다.

나에게 이 모든 교육과정은 책 쓰기에 도전할 때 꼭 필요한 공부다.

2011년 민족통일중앙협의회가 주최한 제42회 한민족통일 문예 제전 공모전에서 일반부 입선을 했다. 신문 지면을 통해서, 아니면 방송을 통해서 나는 공모전이 있으면 응모하기도 한다.

결과는 실망감을 줄 때도 많았지만, 소소하게 나의 글이 선택되기도 했다. 전국에 글을 잘 쓰는 사람 중에 작은 먼지와 같은 존재지만 수시로 나의 위치를 확인하는 기회이기도 하다.

가정주부로서 시상식에 참석할 때는 뿌듯하다. 부족한 글솜씨를 인정받는 그것은 나의 존재감을 살아있게 한다. 세상에는 공부도 많이 하고, 똑똑하고, 자기 분야에서 전문가로 활동하는 여성들이 많다. 부럽다. 솔직한 마음이다.

'만약에' 만약에 내가 제대로 하고 싶은 공부를 했다면 지금 나는 어떤 모습일까? 어떻게 살고 있을까? 상상해 본다. 누구 못지않게 열심히 공부에 매진하여 성공적인 여성으로 살아가지 않을까? 하는 존재하지 않는 나를 그려본다.

아마도 여전히 글 쓰기를 좋아하고 책 쓰기를 하고, 작가에 도전하고 있겠지. '만약에' 는 없다. 허상 속의 나를 떠올리면 가슴만 시릴 뿐이다. 현실을 되돌릴 수 없다. 지금! 현재! 내가 있을 뿐이다.

신문 구독한 지가 벌써 40년이 넘는다. 요즘은 노안이 와서 작은 글씨는 돋보기로 본다. 강원도 최전방 생활할 때다. 이사 오자마자 6개월 된 딸과 나만 덩그러니 남겨 두고 남편은 철책 근무를 떠났다. 늦가을 바람이 을씨년 스러웠다.

이사 온 군인아파트는 작은 언덕 위에 있었다. 펄럭이는 비닐 막이 차가운 바닷바람을 막아 주고, 밤이면 엄지손 가락보다 큰 바퀴벌레가 날아다니는 지은 지 거의 15년 이 지난 낡은 아파트였다. 창문틀이 맞지 않아 덜컹대는 소리와 밤마다 윙윙 울부짖는 겨울 바닷바람 소리에 소 스라쳐 일어나곤 했다.

신문지국에 구독 신청을 하였다. 신문 구독하는 집은 거 의 없었다. 날마다 새로운 소식을 물고 오는 신문은 낯선 곳에서 생활을 견디게 했다. 남편 없이 6개월을 살았다. 딸아이를 재워 놓고 밤늦은 시간에 신문을 찬찬히 읽었 다.

큰 뉴스나 알기 쉬운 상식과 사설 등 중요한 부분은 내용 을 정리해서 남편에게 매일 편지로 써 보냈다. 최전방 철책에서는 세상 소식이 더디게 전달되었다. 몇백 명의 부하들과 최전선을 지키는 남편을 위해 아는 사람 하나 없는 곳에서 딸과 둘이 외롭게 지냈다.

함께 근무하는 간부들과 병사들을 위해서 밤마다 남편이 근무하는 곳을 향해서 기도했다. "하느님, 중대원들이 6개월 동안 아무 사고 없이 모두 안전하게 복귀할 수 있도록 도와주세요." 매일 매일 기도 했다. 당연히 내가 할 일이었다.

그 당시 신문 독자란에 투고한 기사이다.

−우리 예절도 소개했으면

OO 일보가 연재하고 있는 '세 살 버릇' 난을 보노라면 참으로 많은 것을 깨닫게 한다. 우리 속담에도 '세 살 버릇 여든까지 간다' 라는 말이 있듯이 어릴 때부터의 가정 교육은 철저하게 이뤄져야 한다고 생각한다.

예의 바르고 참 인간으로 자랄 수 있도록 가장 기초적인,

가장 기본적인 예절을 각 가정에서 자녀들에게 조금만 더 신경을 써서 가르쳐야 하지 않을까 한다.

외국의 좋은 사례도 중요하지만 예로부터 내려오는 전통적인 우리의 고유한 예절도 차츰 소개해 주었으면 한다. 앞으로도 가정주부를 위한 각종 정보나 문화, 취미 그리고 교양이 가득한 지면이 계속 이어지기를 부탁드린다. (OOO. 강원도 고성군 간성읍 신안2리)

야금야금 글을 썼다. 글 중에서도 철책 근무하는 남편에게 보낸 편지가 가장 값지다. 가끔 편지를 꺼내 읽어보면 코끝이 찡하다. 통일전망대로 향하는 경북이나 대구 번호판을 단 수학여행단 관광버스만 보면 괜스레 눈물이 났다.

이 모든 일들은 내 생활의 일부분이 되어 책 쓰기를 하면서 좋은 재료가 되고 있다. 마르지 않는 샘처럼. 도전은 거창하지 않다. 시작하면 된다.

─책 쓰기는 행복이다.

'행복해서 웃는 게 아니라 웃어서 행복하다.' 행복에
관한 문장이다. 가짜 미소를 지어도 진짜 미소를 지을 때
와 같은 뇌 반응이 온다는 그것이 뇌과학적으로도 증명
된 사실이라고 한다. 사람마다 행복의 척도가 다르다. 행
복은 마음먹기에 달렸다는 말도 있다.

나는 어떨 때 가장 행복할까? 남편이 진급했을 때, 아들
이 임용고시 합격했을 때, 딸이 더 괜찮은 직장으로 이직
했을 때? 명품 가방을 샀을 때, 아니다. 행복한 순간은 잠
깐이다. 또 다른 욕심이 스멀스멀 고개를 쳐들고 올라온
다. 사람이니까 쉽게 교만해진다.

끊임없이 자기 정화를 위해 노력해야 한다. '돈이 많으
면 행복하다.' '큰 차와 넓은 집에 살면 행복하다.'
'아이들이 명문대를 나와 대기업에 취직하면 행복하
다.' 보통 우리의 생각이다. 무엇보다 가난의 결핍에 굶
주린 사람은 물질적인 행복이 첫째 순위가 될 수도 있다.
나도 한때 그랬다. 잠시나마.

참 행복을 찾는 일은 어렵다. 주위를 돌아보면 가난해도 열심히 봉사하는 사람, 고생해서 번 전 재산을 기부하는 사람, 먼 아프리카의 못 사는 나라에서 의료봉사를 하는 사람, 다양하게 행복을 퍼 나르는 사람들이 많다.

가장 좋아하는 일을 하는 사람이 행복하다. 부족해도 채울 수 있는 여유를 가진 사람이 행복하다. 자신만의 영역이 있는 사람이 행복하다. 나는 책 쓰기를 하면서 행복함을 느낀다. 그 행복을 나누고 싶어 노력하고 있다. 분명 행복의 꽃다발을 전하는 날이 올 것이다.

남편이 잠깐이나마 한 때 공황장애 현상이 있었다. '공황장애' 라는 용어도 나중에 알았다. 그냥 속이 답답하다고 했다. 의사 선생님은 남자도 우울증이 있다고 했다. 할 일을 제대로 소화하지 못할 때 오는 자괴감이 남편을 쓰러뜨렸다. 육체적인 고통은 아무것도 아니라고 했다. 정신적인 고통은 쓰나미처럼 일상생활 자체를 순식간에 무너뜨렸다.

고통과 절망 속에서 인간은 한없이 나약해진다. 처음에는 부정하면서 자신을 더 괴롭힌다. 주위의 환경도 여차

없이 물들인다. 숨 쉴 틈조차 없다. 고통은 은총의 시작임을 그때 알았다. 견딜 만큼 크기의 고통이기를 끝없이 기도했다.

세상에서 주는 재물과 직책에 목말라 있던 나에게 큰 시련이었다. 달콤한 미래가 바로 눈앞인데, 고지가 바로 저긴데, 한순간에 와르르 무너졌다. 그동안 쌓아 올린 희생과 노력이 물거품이 되었다. 잠시 잠깐 남편을 원망하기도 했다. 욕심을 비우고 또 비웠다. 내 그릇에 넘치는 욕심은 내 것이 아니었다.

시간은 견디는 자에게 행복을 가져다준다. 버티는 자에게 인생의 단맛을 준다. 오만함은 자신을 부끄럽게 한다. 바닥으로 자신을 내려놓는 순간 편안함을 느꼈다. 엄마로서 강해져야 했다. 엄마가 무너지면 가정이 무너짐을 깨달았다. 몸에 맞지 않는 옷을 입으려 억지를 부렸다. 고통을 받아들이고 나니 은총이 다가왔다.

신앙을 가지고 난 뒤에 기도의 힘을 믿는다. '보지 않고도 믿는 사람은 행복하다.' 라는 성경 구절이 있다. 의심하지 않고 믿었다. '집 짓는 이들이 내버린 돌 그 돌이 모퉁이의 머릿돌이 되었네.' 사람마다 쓰임이 따로 있다. 때가 늦고 좀 더 빠를 뿐이다.

한바탕 훑고 지나간 시련 속에서 남편과 나는 오히려 더 행복해졌다. 가정이 더 단단해졌다. 삶의 주체가 온전히 우리가 된 것이다. 남을 의식하지 않고 있는 그대로의 우리를 인정하고 나서야 살아 있음을 느낀다. 감사하다. 책 쓰기도 마찬가지다. 행복해서 책 쓰기를 하는 것이 아니라, 책 쓰기를 해서 행복하다.

34년 전 남편에게 쓴 편지를 읽는다. 첫째 딸이 6개월 무렵부터 쓰기 시작한 편지다. 남편과는 신혼의 알콩달콩한 분위기를 누릴 여유가 없었다. 초급 장교일 때는 훈련이 많아 새벽에 출근해서 밤늦게 퇴근하는 일이 잦았다.

최북단 동해안에 근무할 때는 춘삼월에도 눈이 내렸다. 아파트 주차장에 세워둔 차를 덮고도 남을 만큼 상상 이상의 많은 눈이 내릴 때면, 군인아파트에는 가족들만 산다. 군인 남편들은 제설 작업으로 며칠 동안 퇴근하지 못한다. 집 집마다 비상 식료품을 마련하느라 분주했다. 시장도 문을 닫기 때문이다.

1~2년 살아보니 비상사태에 익숙해졌다. 미리미리 아이들 분유와 기저귀는 기본이고 항상 쌀과 라면 등 식품을 구비 해놓았다. 더군다나 남편이 철책 근무를 하면 일 년의 반 이상을 혼자 아이들과 지내야 한다. 당연히 감내할 일이다. 군인 아내로서 불평하지 않았다.

습관은 무섭다. 동떨어진 곳에서 살았다 보니 식료품이나 생활필수품들은 쟁여 놓아야 마음이 편하다. 30여 년이 지나고, 편리해진 생활 속에서도 그 습관이 남아 남편에게 싫은 소리를 듣는 이유이기도 하다.

책 쓰기를 하면서 모아 두었던 편지뭉치를 꺼냈다. 기억이 새록새록 떠올랐다. 자가용이 없던 시절이라 아이를 업고 오갈 데도, 다닐 데도 없었다. 5일 장이 유일한 외출이었다. 규모가 작았지만 5일 장은 아이들에게도 문화 체험의 장이 되었다.

월급날을 기다려 속초 시내 은행과 속초 중앙 시장에 들르는 것이 화려한 외출이었다. 친한 동료 가족들과 5일 장에 가서 아이들 옷도 사고, 농산물도 사고, 칼국수 한 그릇 먹는 행복이야말로 최대치 즐거움이었다.

연탄보일러를 때고 있어서 월급날이면 연탄 100장과 쌀 20kg 한 포대, 아이 우유와 김치, 비상 식품인 라면 1박스만 있으면 행복했던 시절이었다. 베란다에서 멀리 보이는 바다를 보면서 친정에 대한 그리움을 삭히기도 했다.

그 시절이 있었기에, 귀한 편지가 선물처럼 남아있다.

둘째를 임신해서 심한 입덧으로 고생을 많이 했다. 3살 딸아이와 뱃속의 동생과 나 이렇게 셋이 살았던 언덕 위에 낡은 아파트가 오늘 유난히 보고 싶다.

남편을 그리워하며 쓴 편지글을 소개한다.

1993년 11월 12일 (금) 12시 01분

지윤 아빠!
부슬부슬 내리던 비가 조금씩 멈출 기세를 보입니다.
어제도 하루 종일 비가 내렸습니다.
우리의 결혼 3주년
한 번도 같이 지내본 기억이 없네요.

늘 전방 생활 때문에 떨어져 있어야 하는 쓸쓸함.

당신, 국수 드셨어요?

결혼기념일에는 가는 흰 국수를 먹어야 긴 국수 가락처럼 오래오래 같이 산다더군요.

당신과 함께 오랫동안 같이 살아야 하지 않겠어요?

요즘은 밤 11시가 되면 기진맥진 지쳐서 편지 쓸 힘도, 여유도 없어요.

지윤이가 자정 가까이 자니까 그때까지 상대를 해줘야 하거든요.

"TV 보자, 아직 안 잘 거야, 이 방에 있자." 라면서 계속 나를 붙잡고 있네요.

당신과 같이 생활하면 덜 힘들 텐데.

한편으로는 미안하기도 하고, 애처롭기도 해서 나름대로 잘 해주려고 노력은 하고 있어요.

하지만 나도 모르게 화가 날 때가 많아요.

지윤 아빠

날씨가 흐리니까 대낮인데도 집 안이 어두컴컴합니다.

그곳은 날씨가 어때요?

당신 목소리 들으니 그래도 안심이에요.

둘째 아이는 '태교'에 신경 쓸 틈이 없어요.

책도 볼 시간도 없어요.

잠시라도 지윤이 하고 놀아 주지 않으면 토라져서 우는 척을 하니 모른 체 할 수도 없고, 아무튼 동생 생기고 나니 꾀가 많아졌어요.

아이가 하나 더 생기면 그땐 더 정신이 없을 거예요.

요즘은 제법 뱃속에서 운동을 많이 합니다.

일하는 도중에도 깜짝 놀랄 때가 많아요.

지윤 아빠

내일은 토요일

좋은 시간 보내시고, 하루하루 보람 있게 지내세요.

늘 당신과 당신 중대원의 건강과 안녕을 기도드리면서 근무 잘하세요. 안녕.

－지윤 엄마－

심한 입덧 때문에 먹지를 못해서 임신 5개월까지 12kg이 빠졌다. 탈수 증상이 심해 링거를 거의 매일 맞았다. 의사 선생님도 걱정을 많이 했다. 아이 둘을 출산할 때 항상 혼자여서 입원실의 어떤 분이 친정엄마한테 살짝 "혹시 미혼모이냐?"라고 조심스럽게 물어보는 웃지 못할 사연도 있었다.

아빠 보고 싶다고 보채는 딸아이의 울음에 둘이 껴안고 운 적도 많았다. 나의 그리움은 바람을 타고 멀리멀리 북쪽 하늘 아래 남편에게 달려갔다. 가족이어서 버틸 수 있었다.

떨어져 산 시간이 많은 만큼 갑절로 보상을 받으며 살고 있다. 자상한 남편은 아이들에게도 최상의 아빠다. 행복은 거창하지 않다. 진실한 마음 한 방울이면 족하다. 살아 있을 때, 더 행복 하자.

− 책 쓰기는 인생 3막이다.

지금까지의 내 인생을 나눠 보았다. 제1막은 태어나서 결혼하기 전까지. 제2막은 결혼 후의 인생, 그리고 책 쓰기를 하는 지금은 인생 3막이다.

그동안의 삶은 주체적이지 못하고 대부분이 수동적으로 끌려간 인생이라면, 책 쓰기에 도전한 61세의 나는 능동적이며, 적극적이고 가장 활발하게 활동하는 시기이다.

'청년, 중장년, 노년 나이는 몇 살부터 몇 살까지일까?'

포털사이트에 찾아보았다. 언제부턴가 10대, 20대, 30대와 같이 10년 주기로 세대를 구분하는 단어들이 희미해지고, 10년 단위를 20년 혹은 30년 정도로 늘려서, 청년, 중년, 노년 등과 같이 지칭하는 것이 더 흔해졌다.(참고 자료. 일상을 바꾸는 상식/ 모르는 게 없는 폴리 중에서)

그럼 나는 어디에 속할까? 아직은 장년 범주에 들었다. 세월이 흐르면서 기억력도 나빠지고, 눈도 나빠지고, 신체 기능이 현저하게 떨어졌다는 느낌을 수시로 받는다. 특히 코로나19 펜더믹 이후 나의 생활 자체는 그야말로 하루하루 아프지 않게 최선을 다하는 삶으로 바뀌었다.

몸이 아프니, 정신 건강마저도 엉망이었다. 욕심을 버리고 감사하는 마음으로 살려고 노력하고 있다. 인생 3막은 어쩌면 인생의 종착지를 향해 기차에 몸을 싣고 떠나는 긴 여정의 시발점일 지도 모른다.

잘 살아야겠다. 그래서 나는 책 쓰기 수업에 참여하여 작가가 되고 싶다.

아이들이 집을 떠난 지, 벌써 14년이 넘었다. 첫째 딸은 대학 입학과 동시에 우리 곁을 떠나 생활하고, 둘째 아들 역시 대학교는 학교 부근에서 자취 생활하며 지냈다.

잠깐 아이들이 집에 오는 날은 가슴이 설렌다. 아이들이 객지에서 제대로 먹지 못한 집밥을 해주려고 며칠 전부터 장을 봐 오고 열심히 음식을 만든다. 딸은 김치전을 좋아한다. 돼지고기와 두부가 듬뿍 들어간 김치찌개, 김치가 들어간 음식은 무엇이든 잘 먹는다. 오징어를 자잘하게 썰어 묵은김치와 버무려서 김치전을 하면 쉴 새 없이 젓가락질하면서 오물오물 잘도 먹는다.

서울로 올라갈 때는 김치전을 서너 장 꼭 넣어서 보낸다. 고속버스 안에 냄새라도 풍길까 걱정이 되어 비닐에 몇 번이고 꼼꼼하게 묶는다. 김치전을 먹으면서 '집도, 엄마도, 가족도 생각 나겠지.' 하는 마음이다. 특히 두부를 넣고 바글바글 끓인 된장찌개 냄새가 가득한 저녁 밥상에서 아이들 생각이 유독 많이 난다.

어차피 아이들도 성인이 되어 스스로 생활을 꾸려 자립심을 키워 독립된 인격체로 성장하고 있다. 부모 마음은 같이 생활할 때, 못해 준 것만 생각이 나서 미안하다.

인생은 순리대로 흐른다. 나이를 먹고 아이들도 이 나이가 되면 그때쯤 엄마 마음을 이해하겠지. 부모는 부모 대로 우리의 인생을 새로 개척하는 시기가 인생 3막이다. 인생 3막은 거창하고 웅장할 필요가 없다. 단순하고 간단하고 쉬운 방향으로 시간과 친해져야 한다. 가장 하고 싶은 일을 하면 된다. 나는 책 쓰기로 결정했다.

2023년 12월 31일. 8년 간의 아동 복지 교사 생활을 마무리하며 정년퇴직하였다. 정년퇴직하면서 몇 가지 규칙을 세웠다. 8개월의 실업급여를 받는 동안 시간을 허투루 쓰지 않기 위해서다.

첫째, 성경 필사하기
둘째, 하루 5천 보 이상 걷기
셋째, 체중 감량하기
넷째, 자격증 취득하기
다섯째, 책 쓰기 도전하기

실천할 수 있는 것 위주로 올해 1월부터 계속 진행 중이다. 직장에 다닐 때는 피곤하다는 이유로 퇴근하고 난 뒤에는 무조건 쉬기만 했는데, 61세 이후의 나에게 건강은 매우 중요한 요인이다.

하고 싶은 취미나 활동을 하기 위해서 건강해야 가능하다. 한 번 심하게 아파 본 이후로 삶의 질을 높이기 위해 운동은 필수조건이다. 캘리그라피 2급 자격증을 취득하였다. 일주일에 두 번, 두 시간씩 빠짐없이 참석하고 열심히 배웠다. 캘리그라피 3급을 따고 7년 만이다.
욕심을 내지 않고 한 가지씩 도전하고 있다. 신약성서는 몇 년 전에 벌써 필사를 끝냈다. 성경 필사가 쉬운 일이 아님을 알았다. 10년이 지났는데도 아직 완성을 못 하고 있다. 완성하지 못한 구약성서를 꾸준하게 쓰고 있다.

성경 필사를 하면서 많이 배우고 있다. 신앙인이 지켜야 할 계명뿐만 아니라, 책 쓰기 하는 나에게는 무엇보다 좋은 교본이 되고 있다. 띄어쓰기, 맞춤법, 글의 흐름을 성경 필사를 통해 자연스럽게 터득하는 일거양득의 효과를 본다.

나의 인생 3막은 책 쓰기를 통해 실현되고 있다. 마음만 급했던 나를 서두르지 않고 천천히 주위를 둘러보는 여유를 선물해 주는 지금이 가장 뜻깊은 인생 3막이 아니겠는가!

3장. 책 쓰기가 없다면 내가 없다.

– 무기력한 삶이다.

육체가 힘든 것은 참을 수 있다. 정신이 피폐하고 무기력하다면 그것보다 더 불행한 일은 없다. 적어도 나에게는. 하루 24시간이 모자라 동서남북으로 분주한 사람이 있는가 하면, 시간과 돈이 남아도 무기력한 사람이 있다.

우리는 어떤 삶을 살고 있는지 생각해 보자. 나 또한 무기력할 때가 많았다. 발등이 골절되어 깁스한 다리로 서너 달을 움직이지 못하고 지낼 때가 있었다. 거실 한 모퉁이에 앉아 지나가는 사람들을 물끄러미 바라보면서 부러워했다.

당장이라도 밖으로 나가 햇살에 몸을 맡기며 걷고 싶은 충동은 나를 정말 무기력하게 만들었다. 아이러니하게도 그 무기력함 속에서 나는 또 배운다. 일상에서 누렸던 생활들이 얼마나 감사한지를. 겸손해진다.

내 몸과 마음을 내가 통제하지 못할 때는 절망 그 자체다. 겪어 보지 않으면 그 고통을 알지 못한다. 믿고 의지하는 전지전능하신 신께 간절한 기도를 한다. 잘못된 과거를 용서해 주시기를 간구하며 한없이 낮아지는 자신을 발견하게 된다.

사람이면 누구나 후회하는 삶을 경험한다. 가슴 두드리는 끝없는 자괴감에 빠지기도 한다. 무기력한 생활 속에서 벗어나고자 몸부림치기도 한다. 그대로 멈추면 더 나락에 떨어지는 악순환이 기다리고 있다.

무기력한 생활을 의미 있게 보내기 위해서는 평소에 나를 돌아볼 필요가 있다. 무엇을 가장 좋아하는지, 어떤 일을 할 때 가장 행복했는지, 나를 생동감 있게 하는 활동은 무엇인지.

나에게 책 쓰기는 살아 숨 쉬는 것만큼 귀한 시간이다. 책 쓰기를 통해 글을 쓰는 순간에는 나에게 온전히 집중할 수 있다. 지난 과거와 지금의 현재와 다가올 미래를 정리해 볼 수 있다. 책 쓰기는 무엇보다 나의 자존감을 가장 높여 주는 일이다.

2024년 여름은 유난히 무덥고 습했다. 강원도에 정착한 지 벌써 10년이 훌쩍 지났다. 직업 군인을 만나 전국으로 이사 다니면서 가는 곳마다 우리는 이방인이 아닌 이방인으로 살았다.

곁을 두고 사람을 사귈 기회가 별로 없었다. 군인이라는 특수 집단 생활 속에서 군인아파트나 군인관사에 거주하면서 외부와의 왕래는 극히 드물었다. 그때만 해도. 사는 곳이 산 옆이거나 마을과 떨어진 곳에 살다 보니 아이들의 등, 하교 때는 자가용으로 운전해서 태워주고 데려왔다.

아이들의 친구 생일파티에서 친구 어머니가 말했다. "지윤 엄마, 자주 놀러 오세요. 친해지고 싶은데 기회가 없네요." 마찬가지다. 1년 단위로 이사 다니는 생활은 사람들과의 교류도 쉽지 않았다.

아쉬운 마음이다. 그러나 어차피 생활 반경이 다르고, 생활 방식이 달라서 서로를 이해하는데 불필요한 에너지 소모는 원치 않는다. 낯선 곳에서 적응하는 것은 대단한 인내가 필요하다. 주위 상황을 파악하고 끌어안는 포용력이 절대적이다. 30여 년 떠돌이 생활을 끝내고 정착해 살고 있는 지금이 가장 안정적이다.

전역할 무렵, 어디에서 정착할지 고민 중이었다. 속 깊은 남편이 먼저 말했다. "그동안 아들 곁에 있어 주지 못해 항상 미안한 마음이오. 지금이라도 아들 가까이 있어 주면 어떻겠소?" 묻지도 따지지도 않았다. 무조건 찬성이었다.

어른이 감당할 몫은 책임질 수 있었다. 친구도 모교도 마땅찮은 아들에게 힘이 되어 주고 싶었다. 최상의 결정이었다. 4만여 명이 살고 있는 자그마한 군 소재지에 남편과 나는 노년의 첫 모종을 심었다. 아들을 위해서. 사랑하는 가족을 위해서.

두 사람이 서로 의지하는 생활은 더러는 따분하고, 심심하고, 무기력할 때도 많다. 의미 있게 살려고 노력하고 있다. 남편의 전역 이후 생활은 180도 완전히 달라졌다. 군인의 틀을 벗어나 새로운 환경에 부딪히며 적응하는 데 많은 시간이 필요했다. 넘어지고 일어서기를 무한 반복하는 생활의 연속이었다.

경제적인 부분, 사교적인 부분, 가장 기본적인 의식주도 마찬가지다. 긍정적인 남편에 동화되어 감사하며 살고 있다. 작게 더 작게 욕심을 버리면 편안하다. 남과 비교하는 생활에서 동떨어져 있어 오히려 마음은 더 부자가된다.

사람의 감성을 건드리는 시골 풍경은 오랜 시간 방황하던 나를 안전하게 정착시켰다. 일주일에 서너 번 좋아하는 것을 배우러 다니고, 더운 날씨에 시골 카페 순례도가끔 하면서 소소하게 누리는 작은 행복에 더없이 감사하다.

무기력할 틈을 주지 않으려 애를 쓴다. 약한 생각이 비집고 들어올 틈이 없다. 마음의 무장을 굳건하게 한다. 남편에게 의지하고 서로를 향해 에너지를 북돋아 주는 삶이 지금 우리에게 중요하다. 노년은 그렇게 흘러가는 것이다. 서로를 바라보면서.

'빈 둥지 증후군.'
아이들이 다 떠나고 난 뒤의 공허함은 상상외로 크다. 한집에서 부대끼고 살 때는 빨리 아이들이 집을 떠났으면했다. 내 시간이 많아 좋을 줄 알았다. 주위에 의외로 우울증을 앓는 사람이 많다. 마음과 마음의 길이 열리지 않아서이다. 소통의 문이 꽁꽁 잠겨 있어 더 이상 마음을 나눌 곳이 없기 때문이다. 드러나지 않을 뿐이다.

무기력은 사람을 병들게 한다. 젊은 세대 중에 취직도 하지 않고 부모 집에 얹혀사는 사람이 많다고 한다. 캥거루족이라고 한다. 비슷비슷하게 요즘은 니트족이라고도 칭한다. 대학을 나오고도 직장을 구하지 않고 컴퓨터 게임이나 할 일 없이 하루 24시간을 보내는 자녀가 있다면 부모 마음이 어떨까 참으로 안타깝다.

아들이 임용고시를 네 번 만에 합격했다. 공부하는 아들을 생각해 남편과 나는 숨죽이고 묵묵히 기다려줬다. 성당을 다니는데도 미역국을 4년 동안 먹지 않았다. 부모 마음이다. 한 해 한 해 발표가 날 때마다 얼마나 허무하고 무기력할까? 열심히 노력한 결과가 열매를 맺지 못했으니 아들 마음이 오죽했을까?

무기력한 마음을 안다. 희망이 없다. 온몸에 힘이 다 빠진 상태로 기력이 없다. 누군가 일어설 수 있게 기회를 주어야 한다. 손을 잡아 주어야 한다. 무기력은 절대 혼자 탈출할 수가 없다.

기다려 줘야 한다. 생산적인 활동을 해야 한다. 몸과 마음이 함께 건강하도록 주위에서 도움을 줘야 한다. 무엇보다 자신의 의지가 가장 중요하다. 무기력에서 탈출하기 위해 자신이 좋아하는 일을 해야 한다. 한 발, 한 발 세상을 향해 내딛고 서야 한다.

강산이 여섯 번 돌고 돌아 예순 살이 넘고 보니 온통 빠르게 변한 것뿐이다. 스마트폰 하나로 세상이 돌아간다. 놀랄 일이다. 상상도 못 했던 일이다. 변화된 세상에 배워야 할 것들이 많다. 모르면 무기력해진다. 배워야 사는 세상이다.

책 쓰기도 마찬가지다. 61년을 살아온 나에게 책 쓰기는 무료함을 달래주는 놀이터다. 책 쓰기 놀이터에서 마음껏 뛰어놀 때 자유롭다. 온갖 속마음을 다 풀어헤치고 신나게 책 쓰기를 하면서 놀아야겠다.

−심심한 인생이다

7년이 지났다.

나를 처음으로 있는 그대로 인정해 주신 초등학교 4학년 담임 선생님에게서 연락이 왔다. 서울분이 경상도 시골 학교에 부임 오셨다. 지금까지 내 인생 통틀어 가장 존경하는 분이다.

초등학교 3학년 겨울방학 때 아버지의 교통사고가 우리 집을 뒤집어 놓았다. 한 푼 돈도 없었고, 먹을 것도 없었다. 단발머리에 키가 크신 선생님이다. 가정 방문을 오셔서 딱한 우리 집 사정을 알게 되었다. 1년간 육성회비를 대신 내주셨다. 가난한 집에는 큰돈이었다. 알게 모르게 나를 뒷바라지 해 주셨다.

그때까지 아무도 나를 칭찬해 주지 않았다. 선생님은 나를 격려해 주시고 가난으로 웅크린 제자를 일으켜 주셨다. 글씨가 예쁘다고 칠판에 자습을 쓰게 하고, 음악 시간에는 먼저 노래를 불러 아이들이 따라 부르게 했다.

부자 아이들보다 나를 더 챙겨주시고 4학년이 지나 5학년이 되어서도 항상 나를 찾으셨다. "보라야, 공부 열심히 해야 한다. 너는 분명 잘될 거야." 누구보다 어려운 가정형편을 마음 아파하셨다.

그렇게 잊고 세월이 흘렀다. 어느 날 앞집 초등학교 동창생을 통해서 연락이 온 것이다. 선생님의 주소와 전화번호가 적혀 있었다. '꼭 연락해 달라'는 당부와 함께. 떨리는 마음으로 전화했다.

선생님은 "보라야, 잘 지내니?" 먼저 공부하고 있는지 물어보셨다. "제가 공장에 다니면서 방송통신고등학교에 다니고 있어요."라고 대답했다. 잠시 침묵이 흘렀다. 선생님은 속상해하며 "넌 누구보다도 똑똑한 아인데, 속상하구나. 혹시 참고서나 책이 필요하지 않니?" 주소를 물으셨다.

며칠 지나고 서울에서 소포가 도착했다. 선생님의 긴 편지와 함께. 서울에 한 번 다녀가라는 부탁과 함께. 아버지한테 말씀드렸더니 흔쾌히 허락하셨다. 아버지도 선생님이 많이 도와준 것을 항상 고마워하셨다. 1970년대에 시골 사람들에게 '서울 가면 코 베어 간다'는 우스갯소리가 있었다. 때문에 혼자 떠나는 서울 첫 여행은 두려움 그 자체였다.

서울역에서 선생님을 만나 댁으로 가서 하룻밤을 보냈다. 이튿날 남산 구경을 하면서 말씀하셨다. "보라야, 오랫동안 생각한 일이야. 너는 영특하니까 공부를 계속해야지. 내가 우리 집에서 학교를 보내 줄 테니까 서울로 올라왔으면 해. 아버지께 잘 말씀드려."

깜짝 놀랐다. 선생님은 자녀가 없었다. 그래서 내가 늘 생각이 났다고 했다. 4학년 담임이 될 때부터 우리 집 형편을 알고 어떻게든 공부를 시키고 싶다는 생각에 수소문해서 나를 찾았다.

물론 아버지는 반대였다. 없는 가정형편에 자존심은 대단했다. 없어도 내 자식은 내가 건사한다는 고집은 누구도 꺾을 수 없었다. 아버지의 반대에 정중하게 편지를 써 보내고 이후에 소식이 끊겼다. 그런 제안에 아버지의 불편함이 선생님과의 관계도 끝이 났다.

'선생님은 참 스승이십니다. 한 사람의 인생을 송두리째 변화시켰습니다. 눈물겹도록 고맙습니다. 살아온 시간 속 내 기억 속의 선생님을 잊지 않겠습니다.' 심심하지 않은 내 인생의 이야기는 언제 끝이 날까? 아픈 기억이 있기에 나의 인생 여정은 심심하지 않다.

전화벨이 울렸다. 심한 감기로 인해 머리를 싸매고 누워 있었다. 아이들도 학교로 가고 난 뒤였다. 아프고 귀찮아서 안 받을까 했다. 목소리가 꽉 잠겼다. 걸걸한 목소리로 "여보세요?" 조용했다. 순간 수화기를 타고 들려오는 중년 남자의 목소리가 들렸다.

"혹시 보라 씨 아니세요?"
미세하게 떨리는 목소리였다. 가만히 있었다. 누가 나를 알지?
　"누구세요?"
나를 밝히지 않고 되물었다.
　"보라 씨 맞죠?"
　"아~ " 짧은 감탄 소리가 들렸다.

　"저를 어떻게 아시죠?"
　"이제야 찾았군요."
　"저, 정현석입니다. 저 기억 나세요?"

무슨 일이야!!

"근데 제 전화번호는 어떻게 알았나요?"

"아~ 제가 IT업체에 근무합니다. 24년 동안 보라 씨를 찾았어요."

아! 이제야 알았다. 이사 다니면서 그동안은 남편 명의로 전화를 신청했는데, 하필이면 2016년 가을엔 1년만 임시로 사는 아파트로 이사하면서 내 이름으로 처음 전화를 신청했다.

24년을 한결같이 내 이름을 검색해서 찾은 것이다. 대학 가기 전에 S 전자에 근무할 때 몇 번 만났던 사람이다. "같은 하늘 아래 살아 있어서 정말 고맙다."고 했다. 글을 쓰던 사람이라 표현이 남달랐다.

착하고 실력 있고 성실한 사람이다. 회사 동료 직원으로 몇 번 만나서 차 마시고 이야기했던 것이 전부인데 현석 씨는 남다른 감정을 품고 있었다. 서로가 가정을 가진 사람이 더 무슨 말을 하겠는가!

결혼 후에는 부부 사이에 도덕적으로 깔끔해야 한다는 지론이 내 생각이다.

전화 받은 사실이 괜히 남편에게 죄지은 것 같아 찜찜했다. 한번 만나고 싶다는 제의를 거절했다.

출장을 다니면서 낙동강 다리를 건널 때면 내가 생각났다고 했다. 청춘은 싱그러움이다. 잠깐의 추억만으로 시간은 거꾸로 흐른다. 추억은 추억으로 가슴에 남아있을 때만이 더 아름답다.

말을 돌렸다. 나중에 60살이 넘어 볼 수 있으면 보자고 했다. "아직도 글을 쓰세요? 나는 보라 씨가 글 쓰는 것을 놓지 않았으면 해요." 사보 기자인 나를 기억했다. 신문에 난 현석 씨 기사를 읽어보라고 했다. 나름 그 방면에서 성공한 모양이다. 다행이다.

전화번호를 바꿨다. 좋은 기억까지 상처가 되지 않기를 바란다. 같은 하늘 아래에서 인연이 있다면 한 번쯤 만날 수 있겠지. 스쳐 지나갈 수도 있겠지. 건강하게 잘 살기 바란다.

나는 심심할 틈이 없다. 소록소록 옛이야기도 괜찮은 글 소재가 된다.

시골 오일장을 둘러보다가 초등학교 5학년 때 일이 생각났다. 아버지의 한 쪽 다리에는 철심이 많이 박혀 있어서 움직일 때 지탱해 주고 있다. 아버지도 절룩거리는 다리로 살려고 노력했다. 뜻대로 움직이지 못하는 신체에 무너질 때가 더 많았다.

탱글탱글 잘 영근 양파는 보기에도 잘 여물었다. 리어카에 가득 싣고 이웃 마을 오일장에 가자고 하셨다. 나는 친구들이 볼까 부끄러워 고개를 푹 숙이고 아버지를 따라 리어카를 힘껏 밀었다.

비포장 길을 따라 다리를 건너고, 마을 길을 건너고 쉼 없이 가도 가도 끝이 없었다. 거의 한 시간 남짓 더 걸렸다. 시끌벅적한 시장은 벌써 진을 친 상인들과 구경꾼들과 사람들로 와글와글 그야말로 북새통이었다.

아버지와 나는 시장 한 모퉁이에 겨우 자리를 잡아 양파를 팔았다. 장사는 되지 않았다. 땀에 범벅이 된 얼굴과 꾀죄죄한 몰골이 참으로 딱 했다. 술을 좋아하는 아버지는 막걸리판에서 일어설 줄 모르고 나는 쪼그리고 앉아 오가는 사람들을 애타게 바라보았다.

팔리지 않은 양파를 다시 리어카에 싣고 돌아오는 길엔 붉은 노을도 터덜터덜 힘겹게 따라왔다. 소녀의 애타는 가슴은 양파보다 더 붉게 타들어 갔다. 쓰디쓴 우여곡절 사연이 있었기에 책 쓰기를 하는 것이다.

아버지와 나의 장터 이야기는 나이 61세 아줌마의 가슴 한 켠에 자리 잡은 인생 드라마가 되어 오늘도 불쑥 나타나곤 한다.

삶의 비포장도로를 달려 안착한, 지금의 행복 또한 소녀가 걸어왔던 길 위에서 반짝 빛나고 있다. 오늘 저녁은 막걸리 한 잔과 메밀전을 곁들여 세월을 마셔야겠다. 물결처럼 왔다 갔다 흐르는 삶의 여정을 나에게 어찌 심심한 인생이라고 말하겠는가!

- 사는 의미가 없다.

글을 쓰는 순간이 가장 행복하다. 내가 살아있는 느낌이다. 사람마다 자신의 존재감을 느끼는 순간이 분명히 있을 것이다. 그것이 어떤 일이든, 어떤 활동이든 우리 모두에게 각자 다른 개성으로 다가온다.

공부를 잘하는 사람, 운동을 잘하는 사람, 재테크를 잘하는 사람, 성공해서 사회적으로 저명한 사람, 농사로 부농이 된 사람 등 우리는 다 다르다. 먼저 내가 나를 인정하는 것이 중요하다.

기회는 누구에게나 다가오지만 기회를 포착해서 성공하기는 쉽지 않다. 세상에는 성공한 사람 이면에 불행히도 자신의 가능성을 모르는 사람도 많다. 다행히도 나는 글 쓰는 것을 무엇보다 좋아하니 축복받은 인생이다. 아직은 섣불리 결과물이 없지만 이 자체만으로도 감사하다. 무엇이 나를 행복하게 하는 것을 분명하게 아니까.

가톨릭 신자가 된 것은 대학을 졸업하고 병원 근무를 하면서이다. 친정집은 엄마가 불교 신자다. 아버지는 무교지만 불교에 관심이 있으셨다. 종교에는 특별한 관심이 없었다. 나는 소심하고 겁이 많다. 병원에서 아픈 환자를 많이 접하면서 죽고 사는 문제에 조금씩 관심이 갔다.

무엇이든 혼자 결정하는 습관이 있다. 어릴 때부터 형성된 습관이다. 성당을 찾아가 6개월 교리를 배우고 '마리안나'라는 세례명을 받았다. 종교를 가졌다고 하면 대부분 그 사람이 착하다는 착각을 종종 한다.

하느님을 두려워해서 작은 죄도 짓지 않을 거라는 맹신적인 생각이 있다. 나도 마찬가지다. 그래서 성당을 다닌다고 말하기가 조심스러울 때가 있다. 내 행동이나 말투가 혹여라도 내가 믿는 종교를 욕보이는 것은 아닐지 소심한 마음에서다.

남편이 직업 군인이라 군종 성당에 다녔다. 일반 성당과는 다르게 군인과 군인 가족들, 병사들이 성당을 다닌다.

2008년 7월 13일 6월에 신앙 서적 '나가사키의 노래' 독후감을 공모하였는데, 내 글이 전국 군종 교구에서 선정되었다. 상금으로 10만 원 문화상품권을 받았다. 즉시 수녀님한테 1만 원 상품권 5장을 드렸다. 필요한 병사들에게 나누어 주었으면 했다.

군종교구 주보에 실린 '나가사키의 노래' 독후감을 소

개한다.

– 나의 노래, 나의 십자가 –

6월은 호국의 달입니다. 오늘(6월25일) 조간신문에 6.25 상흔이 서린 유적들이 문화재가 된다는 소식과 함께 경북 '칠곡 왜관 철교' 사진이 실렸습니다. 소개된 철교 다리는 반공 교육 현장으로서 그곳을 직접 걸어도 보고, 전쟁이 얼마나 무섭고 잔인한 것인지 머리에 아주 세뇌가 되다시피 했습니다.

하느님의 자녀가 된 지금, 소녀 시절에 자주 가곤 했던 성 베네딕도 수도원이 얼마나 거룩한 곳인지 이제야 알게 되었습니다. 한 권의 책을 통하여 현존하신 하느님의 섭리를 깨달았다면 너무 교만한 일일까요?

우연이라고, 아주 작고도 미묘한 우연이라는 끈을 붙잡고 이 글을 쓰고자 합니다. '나가사키의 노래'에서 보여 주었던, 원폭 피해를 뛰어넘는 일련의 평화의 몸짓들... 고통 속에 일그러진 일상생활과 가장 보편적인 삶조

차도 영위할 수 없었던 전쟁터의 폐허 속에서도 은은하게 피어나던 그 평화의 노래가 새삼 6.25인 오늘 더 새롭게 가슴에 와닿습니다.

사소한 일에도 불평하고 작은 고통에도 호들갑을 떨던 저는 얼마나 보잘 것 없는 미물인지를 깨닫고 또 깨닫습니다. 차마 부끄러워 숨고 싶은 마음이 책장을 넘길 때마다 새로운 각오로 저를 일깨워 줍니다.

'하느님, 살아 있게 해 주셔서 감사드립니다. 저도 누군가에게 하느님의 사랑을 전하고 싶습니다.'

나라가 다르고, 시대가 다르고, 민족성이 달라서 이질감을 느끼고 펼치기 시작했던 이 책은 제가 살아 있음을 알게 해주고 하느님의 사랑은 어느 곳, 어느 민족에게도 한결같은 무한하신 신비로 다가옴을 다시 한번 느껴봅니다.

전형적인 일본 여인의 단아함과 겸손함을 갖추고 하느님의 자녀로서의 '미도리'는 너무나 아름답게 상상이 되어, '온화하면서도 강직한 성모님의 그윽하신 눈빛을 닮지 않았을까' 같은 여자로서 부러움을 뛰어넘어 질투까지 느껴집니다.

전쟁과 평화! 그 속에 공존하는 인간의 존엄성, 삶과 죽음, 갈망하는 평화의 몸짓들... 이 모든 것 또한 하느님의 사랑이 없으면 깨닫지 못할 소중한 진리입니다. 백혈병으로 서서히 죽음이 임박한 순간에도 나가이 박사는 이렇게 외칩니다.

"기도하시오, 제발 기도하시오."

메아리가 되어 지금 제 귀에도 맴도는 이 말씀은 16년의 냉담을 끝내고 주님 앞에 돌아와 앉은 저를 위해서 하신 말씀으로 가슴을 후려치고 있습니다. 아직도 주님을 모르는 많은 사람들, 그중에서도 제가 감당해야 할 몫은 부모님과 1남 5녀의 언니, 동생과 몇십 년을 냉담하고 있는 둘째 언니 마리아와 막내 여동생 스콜라스티카를 위해서 기도해야 하는 것입니다.

공부하고자 하는 열망이 없었다면 내 삶은 지극히 불행했을 것이다. 삶의 의미 또한 없었을 것이다. 때를 놓친 배움의 시간은 나를 배우고자 하는 갈망으로 이끌었다.

공장을 다니면서도 시간을 쪼개어 오페라 공연을 보러 다니고, 다양한 종류의 책을 읽었다. 지식의 목마름은 나를 배움의 갈증으로 몰아넣었다. 코피를 흘려가며 새벽에 방송통신고등학교 수업을 들었다.

졸리는 눈을 부릅뜨고 나는 살고자 공부했다. 공부하는 목적은 더 나은 나의 미래를 위해서였다. 현실을 타파하고 싶었다. 선생님이 되고 싶었다. 작가가 되고 싶었다. 그 꿈은 변하지 않았다.

환경이 바뀌었을 뿐, 나는 강해져야 했다. 책을 읽고, 영화를 보고, 음악 감상을 하고, 오페라 공연을 관람하고도 허기진 지식의 창고는 채워지지 않았다. 꿈을 향한 여정은 길고 길었다.

지금도 나는 여행을 자유롭게 다니는 사람을 동경한다. 스스로 습득한 지식은 돈으로 살 수가 없다. 넓은 세상을 다니며 견문을 넓히고 지식을 쌓는 것은 풍부한 마음의 양식이며 누구도 빼앗지 못하는 재산이다.

나는 부자가 되게 해 달라고 기도를 해본 적이 없다.

'너무 넘치지도, 너무 부족하게도 마시고 적당한 양만 허락하소서.' 라는 성경 구절을 좋아한다. 재물에 대한 욕심을 버린 지 오래다. 내가 욕심낸다고 될 일이 아님을 알기 때문이다.

마음의 양식인 지혜를 구하는 기도는 매일 하고 있다. '하느님, 부족한 지혜를 채워 주세요.' 책 쓰기 하면서 더 간절하게 하는 기도다. 책 쓰기를 하면서 저절로 사는 의미가 크게 다가온다.

여주인공의 내레이션으로 영화가 끝난다. '세컨드 액트' 중에서.
실력은 뛰어 나지만 낮은 학력 때문에 승진의 벽에 부딪힌 주인공 '마야'의 인생 대반전을 그린 영화다.

'난 살면서 끔찍한 선택을 해 왔지만 결국 모든 건 우리 한테 달렸어'
'본인만이 자기 이야기를 쓸 수 있지'
'많은 사람이 운명을 믿지. 나도 그걸 믿는 사람이었으면 할 때가 있어.'
'난 자기 운명은 스스로 만드는 거라고 믿어'

'우리 삶은 일련의 선택에 의해 결정된다고.'

'하나의 결정이 다른 길로 안내해서, 긴 세월 동안 큰 기쁨이나 후회를 안겨주지.'

'우리는 인생의 절반을 뒤돌아보며 바라곤 하지.'

'지금과 다르게 하고 실수하지 않았더라면.'

'사실 실수가 우리를 제한하지 않아. 두려움만이 우리를 제한하지.'

'삶을 예측할 순 없지만, 살면서 뭐든 할 수 있고, 누구든 될 수 있는'

'두 번째 기회가 왔을 때 자신을 막는 건 자신뿐이야.'

전반적인 영화 내용도 좋았지만, 마지막을 장식하는 주인공의 독백이 여운을 남겼다. 경험에서 우러난 값진 말이다.

내 인생의 주인공은 나야. 부딪혀 보는 거야. 노력하며 전진하는 거지. 결과가 좋으면 더할 나위 없지. 혹여 실패하더라도 노력한 그 과정들이 헛되지 않았음을 내가 받아들이면 되는 거야. 그 노력은 다음 도전에 값진 밑거름이 됨을 알고 있어. 힘내자! 사는 의미는 도전하는 거야!

－내가 나를 모른다

내가 만든 견고한 성안에서 진정한 나를 발견 하기가 쉽지 않다. 어쩌면 이기심으로 똘똘 뭉쳐 나만이 옳다고 우기는 것은 아닌지, 나이가 들수록 더 돌아보게 된다.

거울 속에 마주 보고 있는 나는 생각에 가득 차 있다. 주위 사람들에게는 이해심이 많고, 배려하는 마음, 넉넉한 사람으로 인식되고 있다. 이젠 '천사표'에서 벗어나고 싶다. 내 목소리를 내고 싶다.

몸에 밴 친절과 예절은 나를 괜찮은 사람으로 인식되고, 나는 거기에 맞춰 계속 행동한다. 숨겨진 나의 가식과 위선이 슬금슬금 올라오면 내 모습은 어떻게 변할까? 두렵다. 내가 나를 온전하게 알아가는 시간은 글을 쓰는 이 순간일지도 모른다. 나 자신에게는 진실해야만 하니까.

군인 가족생활 30년은 나를 감추고 살았던 시절이었다. 튀어서도 안 되고, 말이 너무 앞서도 안 되고 그저 묵묵히 남편 뒤에서 내조하는 삶이었다. 원래 남 앞에 나서는 일을 좋아하지 않는다.

항상 잠재되어 있는 나의 아픈 기억은 나를 더 움츠리게 했다. 가난했던 시절의 열등의식을 극복하기가 쉽지 않았다. 정규 과정을 거치지 않은 학창 시절도 죄인처럼 나를 오그라들게 하였다.

누군가 "어느 중학교 졸업했나요?" "어느 고등학교 졸업했나요?"하고 개인적인 신상을 물어 오면 떳떳하게 밝히지 못했다. 가난이 죄가 아님에도 나는 부끄러웠다.

하늘을 보면서 눈물을 훔치며 '나는 무엇을 할 것인가?' '커서 무엇이 될 것인가?' 남몰래 꿈을 키웠다. 가슴 속의 야망은 컸다. 그 꿈이 실현되는 미래를 항상 꿈꾸었다. 정작 현실에서는 내가 누군지 잘 몰랐다.

현실 속에서 안주하기에 내가 너무 부족했다. 배움을 향한 끝없는 도전은 시도 때도 없이 나를 몰아 쳤다. 아직도 나는 나를 잘 모를 때가 있다. 한 가지 확실히 알고 있는 것은 쉼 없이 배움을 갈망한다는 사실이다.

여러 번 언급한 내용이다.
<힐빌리의 노래>는 가난이나 불안전한 가정이 아이에

게 어떤 영향을 미치는지, 하지만 동시에 그게 또 얼마나 극복 가능한지를 잘 보여 주는 감동적인 회고록을 영화로 만든 작품이다. (포털사이트 글 옮김)

주인공이 겪는 내면적인 갈등은 오래도록 성장 과정에 큰 영향을 미친다. 어두운 환경에서 밝은 세계로 탈출하는 용기야말로 본받을만한 점이다. 어른들의 행동이나 말투, 생활 습관이 어린 시절의 아이들에게 스펀지처럼 스며들어 일생을 좌우할 수 있다는 것을 기억하자.

영화 내용처럼 엉망이지 않았지만, 내 어린 시절도 그에 못잖게 영향을 미쳤다. 가난이 부끄러워 자존감이 낮은 아이는 자신을 올바르게 인식하지 못하고 내내 주눅 드는 생활을 하게 된다. 바로 내 이야기다.

나를 진정으로 돌아보고 나를 알아가는 시간은 그리 오래되지 않았다. 그 터널에서 벗어나고 싶어 발버둥을 쳤다. 아직도 진행 중이다. 내가 나를 진정으로 알지 못한다면 불행한 일이다. 현실을 직시하고 긍정적으로 변모하는 내가 새롭다. 책 쓰기는 나를 불행의 울타리에서 벗어나게 하는 유일한 희망이다.

사람과의 관계도, 인연도 끊어야 할 시기가 온다.

시기적절 기회를 엿본다. 한 번 맺은 인연을 끊기가 쉽지 않다. 나는 싫은 소리를 잘 못한다. 어쩌면 가장 비겁한 사람일 수도 있다. 코로나 백신 부작용으로 아팠을 때의 일이다.

어릴 때부터 같이 자라온 친구들과 모임을 만들어서 오랜 세월 유지해 왔다. 어느 정도 코로나 펜더믹이 가라앉을 때쯤, 친구들이 여행을 제안했다. 사실 그 당시만 해도 약을 하루에 27알을 먹고 있을 때였다.

불면증에, 신경안정제에 안정이 매우 필요한 나에게 여러 날 여행은 무리였다. 응급 상황이 자주 생겨 응급실을 드나들고, 약에 취해 어지러워 잘 걷지도 못하는 상황이었다. 더군다나 밤이면 다리가 뒤틀려 고통 속에 잠도 못잘 때여서 내 몸 상태를 충분히 설명하고 이해를 구했다. 부담이 되기 싫었다.

모아 둔 회비로 건강한 친구들에게 여행을 다녀오라고 말했다. 친구들은 나를 포함해 다 같이 가자는 거였다. 나는 섭섭하지 않으니 정말 잘 다녀오라고 몇 번이나 당부했지만, 내가 가지 않는다는 이유로 여행 계획은 빈번히 어긋났다.

누군가에게 미안한 마음을 가지고 산다는 것은 매우 불편하다. 사실 미안할 일도 아니다. 내 의사를 분명하게 밝혔음에도 마무리가 깔끔하지 못했다. 내가 결정할 일만 남았다. 나를 가장 잘 아는 친구들이라 쉽게 결론을 내리지 못하고 한 달가량 생각하고 또 생각해서 용기를 내 말했다.

나를 빼고 여행 가기를 진심으로 바랐다. 내가 안정될 때까지 계속 기다리겠다는 말이 더 힘들었다. 친구들에게 내가 불편한 원인 제공자가 된 것 같아 이 상황을 해결해야만 했다. 나로 인해 친구들이 여행을 가지 못한다는 사실보다 그 당시에는 내 몸의 회복이 언제가 될지 기약이 없어서다.

내 회비를 정리하자고 했다. 그리고 당분간 연락을 끊겠다고 했다. 단호하게 결정하지 않으면 지칠 것만 같았다. 아픈 나는 내가 가장 중요했다. 나 또한 많이 괴로웠지만, 나를 가장 잘 아는 사람은 나였다. 몸이 엉망진창인

상태에 스트레스가 겹쳐 한동안 사람과의 관계에 대하여 생각하는 계기가 되었다.

놓아 줄 때를 아는 것도 현명하다. 좋은 것도, 좋은 사람도 때론 조금 떨어져 관망하는 것도 필요하다. 후회는 하지 않는다. 진심은 언젠가 서로 알 수가 있다. 나이가 들면서 건강이 우선인 이즈음, 나의 결정은 오히려 내가 숨쉴 수 있도록 여건을 만들어 주었다.

얽매이는 생활은 이제 사양하고 싶다. 서로에 대한 배려, 이해, 예의, 존경이 밑바탕 되어야 그 관계가 건강하다. 각자의 생활 방식을 간섭하지 않고도 얼마든지 행복한 삶을 유지할 수 있다.

인생 60이 넘었으니 이만하면 자유로운 영혼으로 살아도 되지 않을까? 수직관계가 아닌 수평 관계에서 평화로울 수 있다. 상대를 옭아매지 말자. 내가 나를 모르는데 행복할 수 있겠는가!

4장. 60대 주부 작가가 되는 다섯 가지 책 쓰기 방법

– 첫 번째 : 실력 있는 멘토를 찾아라. _ 멘토

기초가 없으면 무너지기 쉽다.

어떤 것도 기초 없이 완성되는 것은 없다. 책을 쓰고 싶다는 마음은 이미 여러 번 말했듯이, 오래전 일이다. 계획을 세워보기도 했다. 빈번하게 현실적인 문제에 부딪혀 실천에 옮기지 못하고 있었다. 포기하지는 않았다. 기회를 보고 있을 뿐이다.

여러 경로로 책을 쓰기 위해서 가장 좋은 방법이 무얼까 고민하고 있을 때, 딸이 몇 년 전에 했던 말이 기억났다. 서울에 있는 김병완 칼리지를 추천받았다. 미리 검색해 보았다.

나한테 맞춤형 수업이 되기를 희망했다. 어렵게 시작한 만큼 믿을 수 있는 사람을 선택하는 지혜도 필요했다. 수업 첫날, 새벽 일찍 일어나 준비하고 서울행 기차를 탔다. 혼자 서울 가는 게 두려운 나를 남편도 동행해 주었다.

한 번 선택한 곳을 신뢰하며 수업에 임하였다. 차근차근

기초부터 설명해 주었다. 책 쓰기 과정을 전체적으로 이해하기 쉽게 강의하시는 대표님을 보면서 열심히 배웠다. 무엇보다도 자신감을 많이 북돋워 주었다. 서너 시간을 수업받았는데도 피곤하지 않았다.

새로움을 배운다는 것은 희열 그 자체다.
겁도 없이 덤비는 어리석음에서 벗어나고 싶었다. 기초를 배우지 않고는 제대로 된 책 쓰기를 할 수 없다. 그토록 공부하는 것을 갈망했던, 나이 61세의 나는 힘이 솟구쳤다. 잘 배우자! 밤늦게 시골집에 돌아오면서도 기쁨은 가득하였다.

무엇이든 기초를 제대로 배워야 한다.
기초가 단단해야 넘어져도 빨리 일어설 수 있다.
딸이 고등학교 3학년 여름 방학 바로 전에 "엄마, 나 연극영화과에 가고 싶어요."라고 말했다. 담임 선생님이 놀라 전화하셨다. "지윤 어머니, 지윤이가 갑자기 연극영화과를 가고 싶다는 데 무슨 일입니까?"

담임 선생님이 놀라 전화하실 만도 했다. 고3 여름 방학이 끝나면 수시 원서를 쓰고 진학할 대학이나 학과가 거의 결정되어 있는데, 뜬금없이 연극영화과를 가겠다니 원점에서 다시 진학 상담을 해야 했다.

전방에서 근무하는 남편이 휴가를 받아 집에 내려왔다. 불호령이 떨어졌다. 연극영화과는 금시초문이어서 우리 가족 모두 당황했다. 딸이 눈물을 흘리면서 한 번만 기회를 달라고 했다.

남편이 근무지로 떠나고 나는 자녀들을 먼저 대학에 보낸 친한 지인들에게 조언을 구했다. 10명 중 9명은 딸이 원하는 과를 보내라고 했다. 반대하면 나중에 원망한다는 것과 딸이 결정한 것은 스스로 책임지게 하라는 것이었다.

몇 날 며칠을 고민하고 생각하고 내린 결론은 '그래, 원하는 학과에 보내자.'였다. 나를 돌아보면 답이 나왔다. 그토록 내가 하고 싶었던 공부를 하지 못했던 평생의 회한을 딸이 겪지 않기를 진심으로 원했다.

서대전에 있는 연기학원을 한 달 다니는 동안 2학기가 되어 수시 원서를 넣었다. 수도권에 있는 대학교 연극영화과에 수시 1차 합격하였다. 문제는 입학하고 난 뒤였다.

기초가 없이 대학에 입학하고 보니 강의가 어렵고 힘들었다. 다른 친구들은 최소 중학교나 고등학교 때부터 연기학원을 다녀 실기 부분에서는 월등히 앞서갔기 때문이다. 학과 수업이 힘들어서 수시로 대학을 그만두겠다는 딸에게 나는 모진 말을 많이도 퍼부었다. 부드럽게 달래도 보았다. 결정된 일은 스스로 책임을 져야 한다고 말했다. 정말 못 견디게 힘들면 다시 한번 생각해 보자고 시간을 주었다.

6년 만에 대학을 졸업한 딸은 전공과는 무관한 일을 하고 있다. 하지만 모든 일은 서로 유기적으로 연결되어 있다. 대학에서 배운 전공이 다른 분야에서 또 다른 시너지 효과를 내며 실력을 발휘하고 있다.

우리는 실력 있는 멘토를 찾기 위해서 주위에 도움을 청해야 한다. 검증된 멘토는 나의 숨겨진 장점도 발견해 주면서 길을 터 주는 역할을 한다. 책 쓰기 수업도 마찬가지다. 딸의 경험처럼 쓰러지기도 하고 넘어져 아파 보기도 하면서 한 뼘 더 성장한다.

아들이 고등학교 다닐 때다. 학부모 임원을 했다. 교육청과 학교의 조인트로 '멘토' 사업이 추진되었다. 주로 가정형편이 어려운 학생이 대상이다. 학생과 학부모가 일대일 멘토-멘티가 되어 주기적으로 만남을 이어갔다.

내가 만난 남학생은 고등학교 1학년이었다. 서울과 경기도를 거쳐 강원도 시골까지 전학 온 학생이다. 부모와 자식 간에도 사춘기 시절에는 말도 잘 섞지 않는데, 하물며 생전 처음 보는 사람과의 관계가 매끄러울 수 있을까 조심스러웠다.

처음 만났을 때 어색한 분위기였다. 자식을 키우는 부모지만 쉽지 않았다. 무엇보다 '내가 멘토로서 자격이 있을까?' 걱정도 되었다. 패스트푸드점에 데리고 갔다. 음식을 앞에 놓고도 서먹해서 말이 쉽게 나오지 않았다.

사실 나는 이 행사를 마뜩잖다고 여겼다. 보여 주기 위한 행사라고 생각 들었다. 몇 년을 거쳐서 꾸준하게 진행되는 것이 아니고 짧은 시간에 효과가 있나 의구심이 났다.

괜히 아이들의 마음에 상처만 덧나는 게 아닌지 심히 걱정되었다.

두세 번 만날 때쯤 자기 애기를 했다. 엄마의 종교 때문에 전학을 많이 다녔고, 여동생과 3명이 살고 있다고 했다. 적응이 힘들어서 학교를 그만 다닐 정도로 고민도 많았단다. 아버지와는 떨어져 살고 있다고 말하는 표정이 너무 안쓰러웠다. 학생의 상처를 건드리지 않고자 조심했다.

고등학교 3학년인 아들과의 자리도 마련했다. 학교 선후배 사이여서 통하는 게 많았다. 아들도 전학을 많이 다녀 아픔을 잘 알고 있었기 때문이다. 짧은 만남이나마 아들은 그 학생을 동생처럼 대해 주었다. 고마웠다. 한창 사춘기 때여서 상황이 혼란스러울 텐데 학생은 마음을 열었다.

무엇이 이 학생을 힘들게 하는지 차츰차츰 알아가는 중에 얼굴이 편안해지는 모습이 한동안 잊혀 지지 않았다. 지금쯤 청년이 된 00에게 안부를 전하고 싶다.
"잘 지내고 있지?" "무엇보다 건강하길 바랄게." 응원을 보낸다.

– 두 번째 : 자신의 내면을 보아라 _ 내면

나는 누구인가?
가장 원초적인 질문을 나에게 던진다. 나는 61세의 전업
주부다. 가장 잘하고 좋아하는 것은 글짓기다. 이력서에
항상 이렇게 썼다. 보라색을 좋아하고, 가슴 깊숙한 곳엔
아직도 순수한 감정이 남아있는 감성적인 아줌마다.

추수가 끝난 뒤의 텅 빈 들판의 허허로움을, 늦가을을 무
지 좋아하는 여자이다. 유리 날처럼 쨍한 겨울 하늘을 좋
아하는 어쩌면 가슴이 시리도록 아픈 사랑이 그리운 사
람이기도 하다.

나를 설명하기엔 간단하지 않다. 특별하게 뛰어난 것도
없고, 알뜰한 가정주부처럼 살림을 잘하지도 못하고, 깔
끔하게 정리 정돈을 잘하지도 못하는 아주 평범한 시골
아낙네다. 그러나 다른 사람에게는 한없이 배려를 잘하
는 이해심 깊은 사람이다.

내 깊숙한 슬픔을 꺼낸 적은 거의 없다. 감추고 싶을 때도 많았다. 적어도 이 '책 쓰기' 하기 전에는. 한 뭉치의 외로움에 스스로 벽을 만들었는지도 모른다. 나를 온전하게 바라본다면 아직도 어릴 때 나의 아픈 모습을 못 잊는 것이다.

용기를 냈다. 이 순간, 있는 그대로의 나를 글로 표현하면서 인정하기로 했다.

공장에서 일을 할 때였다. 주위의 언니들이 나만 보면 말했다. "보라야. 너는 있을 곳이 아니야." 많이들 그랬다. 내가 어째서 공장에서 일을 하면 안 된다는 것일까?

창밖으로 가을 하늘이 높다. 그 당시에 멘토가 있었다면 내 선택은 달랐을 것이다. 산업체 고등학교가 있었다. 낮에는 공장에서 일하고 야간에는 인근 고등학교에서 정규과정을 배우는 제도가 있었다.

혼자 공부하는 것보다 학습효과가 있었을 텐데. 그런 과정을 누가 말해주지 않아 입학식이 끝나고서야 알았다.

이미 물은 엎질러졌다. 방송통신고등학교에 입학했다. 1학년 때는 우등상도 받았다. 몸이 많이 지쳤다. 시간 맞춰 방송 듣기가 힘들었다.

더군다나 새벽 시간 방송은 졸음과의 싸움이다. 잠깐 엎드려 졸고 나면 교과서 위에 코피가 흥건하였다. 슬플 겨를이 없었다. 무슨 수를 써서라도 고등학교 졸업을 해야 했다. 대학을 가고 싶었다. 또래들과의 교복에 대한 추억이 없어서 우울했다. 나는 누구인가? 묻고 또 묻고 나에 대해 또 물었다. 이제는 떳떳하게 대답할 수 있다. 나는 나다.

끊임없는 자기 성찰이 필요하다. 한 사람의 인격을 형성하기 위해서. 때론 포기하고 싶을 때도 많았다. 남의 시선에서 스스로 나를 가둘 때에는 한없는 자괴감에 빠지기도 한다.

앞날에 대한 일말의 희망이나 기대가 없다면 삶의 의미가 없다고 생각했다. 어쩌면 내가 유별난지도 모른다. 우리는 주위 환경에 취약한 존재다. 뚫고 나오기는 대단한 용기와 도전이 필요하다. 당연히 고통을 동반한다.

평범한 소녀였다면 나의 인생 여정도 이렇게 도전과 갈망으로 점철되지 않았을 것이다. 결핍이 낳은 갈증은 노력해야만 한다. 포기하지 않아야 한다. 보이지 않는 눈물이 차곡차곡 쌓여 내 글의 원천이 되고 마르지 않는 샘이 된다.

'나는 무엇이 될까?'
'나는 누구일까?'
사춘기 소녀는 매일 매일 되뇌었다. 10년의 세월이 주는 아픔이 책 쓰기로 승화되기를 바란다.

내면에 가득 찬 인생의 물음에 스스로 대답한다. 잘 살았다.

－세번째 : 지금 당장 시작하고 실행하라－실행

세상을 살아가면서 하고 싶은 것을 다하고 사는 사람은 얼마나 될까? 지금 당장은 언제일까? 시작하기에 가장 적당한 때는 언제일까? 실행하기에는 부족함이 없을까?

시작도 하기 전에 의구심이 먼저 든다. 두렵기 때문이다. 헤쳐 나가야 할 일이 많기 때문이다. 더군다나 전업 주부가 나서기에 상당한 용기가 필요하다. 주위의 도움이 없으면 홀로 일어서기가 어렵다.

다행히도 남편이 든든한 지원군이 되어 주었다. 딸도 엄마에게 동기부여를 했다. 국어 교사인 아들은 묵묵하게 엄마를 응원해 주었다. 망설일 것도 없이 시작했다. 왜냐하면 내가 가장 좋아하는 것이라서 가능했다.

글 쓰기를 좋아한다는 한 가지 만으로 세상 밖으로 나왔다. 내가 살아온 인생 울타리는 그렇게 행복하지도 않았고 즐겁지도 않았다. 결혼하기 전에는.

기회는 뜻하지 않게 살금살금 다가온다. 내 경우도 그렇다. 웅크리고 있다가 순간 확 펼치면서 성큼 다가온다. 더 이상 망설이지 말고 그 기회를 내 것으로 만들어야 한다. 성공하든 실패하든 그것은 나중의 일이다. 시작하는 것이 더 중요한 일이다.

책 쓰기는 이렇게 시작되었다. 남편과 딸의 합작품이다, 꽁꽁 싸맨 나의 꿈이 밖으로 펼쳐질 수 있게. 가족이어서 고맙다. 가족이어서 더 힘이 난다. 가족이어서 견딜 수 있다.

또 다른 삶의 여정 속에 남겨진 인생 도화지에는 색색의 물감으로 맘껏 그리고 싶다. 늦은 때가 오히려 빠를 수가 있다. 지금도 늦지 않았다.

책 쓰기를 할 수 있을까? 걱정하면 할수록 자신감은 떨어지고 생각하면 할수록 앞이 보이지 않았다. '누가, 언제, 어디서, 무엇을, 어떻게, 왜 했는지' 육하원칙이 이 순간에도 적용되었다. 순서가 꼭 중요하지는 않다. 시작하는 것이 중요하다. 내 경우는 순식간에 결정되었다. 물론 그 전에 항상 꿈꾸던 일이었기 때문에 더 빠르게 추진되었다.

새로운 일은 기대도 크지만 두려움은 훨씬 더 크다. 내 글을 누가 읽을까? 글을 잘 쓸 수 있을까? 책 쓰기 과정은 원만하게 진행이 될까? 태어나 처음 접해 본 책 쓰기 과정은 쉽지 않았다.

좋은 멘토를 만나야 하는 일 또한 만만찮았다. 다행히도 딸이 추천해 주어서 이 과정은 행운이었다. 망설일 틈도 없이 계획을 진행 시킨 남편과 딸에게 정말 고맙다. 혼자서는 엄두도 못 낼 일이다.

책 쓰기를 계획하고 있다면 두려움을 과감하게 던져 버리고 시작하자. 내일의 해는 내일 또다시 우리를 비추지만 기회는 내일 우리를 기다려 주지 않는다.

8개월의 실업급여 기간이다. 중장년 내일 센터에 갔다. 나보다 더 나이 많은 분들로 가득 찼다. 젊은 사람들은 의외로 적었다. 일자리를 찾기 위해 교육을 받으러 온 것이다.

희망하는 일자리를 적었다. 나는 아동 센터나 사회 복지 시설 등 여태껏 일했던 곳을 우선 선택했다. 고용에 대한 불안감이 교육장 안에 감돌았다. 낯선 공기가 분위기를 가라앉혔다.

만 60세가 지나 정년퇴직한 사람은 별로 없었다. 실업급여 수급 기간 8개월이 지나면 나는 어떤 모습일까? 살짝 두려움이 생겼다. 책 쓰기를 준비하고 있지만 인생 3막은 호락호락 쉽지 않았다. 세상에 쉬운 일은 하나도 없다.

'I can do it' 나는 할 수 있다.

'안 되면 되게 하라.' 특전사 구호를 마음속으로 계속 되뇌었다.

'말이 씨가 된다.'는 말을 수없이 외친다. 나는 할 수 있다. 말이 씨가 되어 정말 될 것이다. 간절한 기도는 이루어진다. 될 수 있다는 믿음이 중요하다. 우리 모두에게.

− 네 번째 : 자신을 과소평가 하지 마라 _ 확신

빌 게이츠의 말이다. "태어날 때 가난한 것은 당신의 잘못이 아니지만, 죽을 때 가난하게 죽는 것은 당신의 잘못이다."

그럴 수밖에 없었다.

어린 시절 형성된 자아가 살아가는 동안 얼마나 많은 영향을 끼치는지 알고 있다. 경험했으니까, 아직도 완전히 벗어나지 않았으니까. 자신감이 고개 들 여유가 없었다. 가난한 가정형편은 나를 작아지게 했으며, 자존감을 떨어뜨렸다.

공부를 잘했다. 특히 국어 과목이나 사회, 국사 과목을 좋아했다. 제대로 된 학교생활은 그나마 초등학교뿐이다. 1970년 초, 중학교는 시험 성적으로 장학생을 선발했다. 나는 시험을 치면 장학생이 될 자신이 있었다.

하지만 아버지는 여전히 아픈 몸으로 가장 역할을 하지 못하니, 나를 중학교에 보내지 않았다. 그 당시에는 정식 인가를 받지 않은 고등공민학교라는 곳이 있었다.
학교는 열악했으며, 수업 과정 3년이 끝나면 중학교 인정 검정고시에 합격해야 했다.

학교를 오가는 길에 또래 아이들을 만나면 괜히 주눅이 들었다. 어려운 가정형편에 모여든 학교에는 나처럼 공부하고 싶은 친구가 있는가 하면, 그냥저냥 학교 다니는 친구도 있었다.

"앞에서 수업을 하면 반짝반짝 빛나는 눈빛이 바로 너구나. 보라야, 공부 열심히 해서 훌륭한 사람이 되어야 한다."라고 영어 선생님은 나를 칭찬 하셨다. 아마 내가 알고 있는 얕은 지식은 초등학교 6년 동안 배운 것들이다. 배움에 대한 갈증은 이후에도 계속되었다.

친정아버지가 돌아가시고 한동안 힘들었다. 아버지도 나도 서로에게 마음을 다 터 놓지 못했기 때문이다. 자식부모 간에도 '미안하다.'는 말은 꼭 필요하다.

아버지의 강압적인 규제가 너무 싫어 집을 떠나고 싶을 때가 많았다. '청바지도 입지 마라.' '운동화도 신지 마라.' '머리 퍼머도 안된다.' '동네에서 딸내미가 어떻다고 말만 나와봐라, 행동거지 알아서 해라.'

다섯 자매는 동네에서 인사성 밝고, 예의 바르고, 공손하다는 소리를 듣고 자랐다. 그 행동은 커서도 어른이 되어서도 진행되었다. 아버지가 무서워서 자연스럽게 익힌 행동거지는 내 삶을 좌지우지했다.

'천사표 코스프레'라는 말을 알았다. 우리 자매 모두

는 그렇게 살았었다. 어린 시절 습득한 경험과 관습은 그 사람의 인생을 바꾸어 놓는다. 그렇게도 싫고 지겨운 아버지의 간섭을 내가 똑같이 우리 아이들에게 하는 것을 보고 소름이 끼쳤다.

군인 가족으로 한 울타리에서 살 때가 많았다. 아이들이 자랄 때 적어도 '버릇이 없다.' 는 소리를 안 듣게끔 잔소리를 많이 했다. 훈련이 많고 밖에서 생활하는 남편보다 아이들 교육은 내 차지였다. 남편에게 말했다. "내가 악역을 담당할 테니, 당신은 아이들에게 좋은 역할을 해주세요. 따뜻하게 안아주고 보듬어 주는 아빠가 되어야 해요."

아이들은 남한테 싫은 소리를 안 듣고 자랐다. 잘 따라와 주어서 고마웠다. 한참 뒤에야 알았다. 아이들도 잔소리하는 엄마한테 숨 막혀했을 텐데. 표현하지 않았을 뿐 얼마나 힘들었을지.

아이들이 사춘기 시절, 전학을 많이 다녔다. 초등학교부터 고등학교까지 입학하고 졸업한 학교가 없다. 아들은 입학식은 다른 지역 고등학교에서 하고, 공부는 전학 간

고등학교에서 했다. 그나마 처음으로 3년을 다니고 졸업한 유일한 학교다.

청소년 상담 공부를 찾아다니며 교육받았다. 아이들을 좀 더 이해하기 위해서였다. 내가 겪은 부모와의 상처를 겪게 하고 싶지 않았다. 교육과 다르게 집에서 실천하기가 쉽지 않았다. 그래도 끊임없이 노력했다.

전문가의 조언대로 먼저 다가가 말했다. '미안하다.' '사랑한다.' 부모인 내가 먼저 사과하고 미안하다고 말하고 싶었다. 친정아버지가 끝내 말하지 못했던 '미안하다.' 는 진심 어린 사과를. 딸에게는 유독 심하게 간섭해서 더 미안했다. 용서를 구했다. "엄마가 미안하다."

친정아버지가 하늘나라로 떠난 뒤에 쓴 글이다.

−메밀꽃에 그리움을 담아

꼭 보름 전이다.

친정아버지를 하늘나라에 보내 드린 날이다.

8월 14일

모처럼 직장에서 휴가를 얻어 친정 나들이를 할까 말까 생각하던 중, 이른 아침에 둘째 언니에게서 다급한 목소리의 전화를 받았다.

아버지가 갑자기 가슴에 통증이 와서 119에 실려 병원 응급실에 오셨으니 다녀가라는 전화였다.

보이지는 않지만 무언가 긴박하게, 위급상황의 벌어진 모습이 그림처럼 스쳐 지나갔다.

간단하게 짐을 챙겨 횡성에서 대구행 무정차 버스를 타고 가는 중에, 둘째 언니의 울먹이는 소리가 전화기 너머에서 흐느꼈다.

"보라야, 아버지 돌아가셨다."

잠시 침묵이 흐르고, 나는 버스 안 좌석에 엎드려서 울었다.

임종도 지키지 못했는데, 지난 5월 생신 때 찾아뵙지도 못했는데, 온갖 회한이 물밀듯이 밀려왔다.

작년 추석 때 9명의 손주에게 일일이 100만 원이 든 봉투를 하나씩 나눠 주시며 "이제 내가 살면 얼마나 살겠나. 언제 무슨 일이 일어날지 몰라서 이렇게 다 모였을 때, 할아버지가 주는 거니까 받아라."라고 하셔서 손주들이 울먹이면서 "할아버지, 그런 말씀 마세요!" 했던 기억이 아련하게 스쳐 지나갔다.

아버지!

봉평, 허드러지게 핀 하얀 메밀꽃 무리를 보니 아버지의 하얗고 인자한 웃음이 생각납니다.

자주 뵙지 못한 가슴을 웅크리면서 평창에서, 초가을 길목의 이 아름다운 곳에서 아버지를 떠 올립니다.

푸르고 높은 하늘

산들산들 가을바람, 깨끗한 공기와 수채화처럼 아늑한 이곳 평창 봉평에서 하얀 메밀꽃에 그리움을 담아 보내 드립니다.

편히 쉬세요.

2018년 9월, 얼마 전에 돌아가신 아버지를 기리며—

일반 사람들의 삶은 거기서 거기 얼추 비슷하다. 입고, 먹고, 자는 의식주가 기본이다. 그 기본의 차원이 다른 사람과의 차별을 만든다. 차별은 남을 의식하게 된다.

최근에 '힐빌리의 노래(Hillbilly Elegy)' 영화를 봤다. 힐빌리(Hillbilly)는 촌뜨기, 촌놈이라는 뜻이고, 엘레지(Elegy)는 슬픈 노래(비가)라는 뜻이다. 즉 촌놈의 슬픈 노래라는 뜻이기도 하다. (양평의 2층집. 옮김)

J.D. 밴스 미국 상원의원의 자전적 소설인 '힐빌리의 노래'를 영화화한 것이다. 소설 속 주인공의 정치적 성향은 차치하더라도 가난을 이겨내고 명문 예일대 로스쿨에 진학한 주인공이 변호사가 되는 과정이 적나라하게 잘 버무려진 영화다.

영화배우들의 실감 나는 현실적인 연기는 동시대에 살고 있는 듯한 착각이 들 정도로 완벽했다. 진흙 속에서도 연꽃은 찬란하게 피어난다. 과거와 비교해 요즘 세상은 '개천에서 용 난다.'는 말이 비현실이 되었다.
언제부턴가 '흙수저' '은수저' '금수저' '황금수저'라는 말을 아무 거리낌 없이 말하고 있다. 바삐 돌아가는 세상에 줄임말이 표준어처럼 사용되고 통용되는 현실이 안타깝다.

가진 것 없는 사람에게 한 번 더 생채기를 내는 '흙수저'라는 말은 삼갔으면 좋겠다. 말이 주는 힘의 전파력이 강해서 도전하는 자에게 자신감을 잃게 하는 부작용이 있다. 상실감에 의욕마저 사라져 버릴까 걱정이다.

누구에게나 잠재된 능력이 있다. 찾아내지 못했을 뿐이다. 어쩌면 찾을 노력도 하지 않을 수도 있다. 환경이 사람을 만들기 때문이다. 두려울 수 있다. 내면에 꼭꼭 잠재된 달란트를 찬찬히 들여다보자. 아직 늦지 않았다.

돌이켜 보면 글 쓰기를 꾸준하게 했다. 드러나지 않아도 노력의 흔적은 보인다. 유독 글 쓰기를 좋아했던 소녀의 꿈은 S 전자에 다닐 때도 작은 빛을 발했다. 연말에 회사 전체 부서별 장기 자랑 대회가 있었다.

1980년대, 흑백 드라마 '달동네'가 기억날 것이다. '달동네' 하면 김민희 씨의 똑순이 캐릭터가 먼저 떠오른다. 연극배우 추송웅과 그 딸로 나왔던 똑순이 김민희 씨의 부녀연기는 그야말로 독보적이었다.

나는 이 드라마를 각색하고, 극본을 썼다. 우리 과 배우들에게 배역에 알맞은 의상을 제공하고 연기 지도를 했다. 어설픈 사투리로 진지하게 연기하는 배우들의 열연에 우리들의 연기는 인기 만점이었다. 무대 밖에서는 웃음바다가 되었다.

결과는 당연히 전체 1등을 하고 상금을 받았다. 지금 생각해 보면 나는 누구보다 글 쓰기를 좋아했다. 글 쓰기 기초를 배운 적도 없지만 잠재적인 재능이 곳곳에서 빛을 발할 때마다 스스로 우쭐해지기도 한다.

자신을 과소평가했던 지난날의 의기소침함이 부끄러웠다. 자신을 믿어 보자!

다섯 번째 : 멈추지 마라. _ 지속

하늘에서 뚝 떨어지는 행운은 없다. 기대하지도 않는다.

언제 일어날지 모르는 일이다. 나는 어릴 적부터 글 쓰기를 좋아했다. 초등학교 시절에는 매일 일기장에 내 마음을 쏟아 놓았다. 기쁨보다는 슬픔이 더 많았던 유년 시절의 나는 글 쓰기를 통해 치유를 받았다. 내 마음을 내가 잘 아니까.

1990년 1월 1일
대학 친구의 결혼식에서 직업 군인인 남편을 만났다. 제복 입은 정갈한 모습과 절도 있는 행동이 멀리서도 돋보였다. 시골 버스가 연착하여 정작 친구의 결혼식은 보지 못했다.

헐레벌떡 결혼식장에 들어갔을 때는 친구들과의 사진 촬영이 시작되었다. 몇 년 만에 만나는 대학 친구들과 대충 눈인사만 하고 사진을 찍었다. 결혼식이 끝나고 인근에 있는 레스토랑에서 피로연을 하였다.

초등학교 친구, 중학교 친구, 고등학교 친구, 대학교 친구, 병원 친구들을 위해 따로 자리가 마련되어 있었다. 화장실을 다녀오니 벌써 맥주잔을 들고 축하를 하기 전이었다.

내 잔은 비어 있었다. 내가 직접 맥주를 따르기가 민망해서 옆자리에 앉아 있던 군인에게 "미안하지만, 맥주 좀 주세요." 하고 말을 건넸다. 대학 친구들과 그동안의 안부를 묻고 대답하면서 즐거운 시간이었다.

그전에 남편은 결혼식장에 들어서는 나를 보고 벌써 마음에 꼭 찍어놓았다고 나중에 고백하였다. 남편의 친구들이 내 자리 옆에 앉으라고 코치를 해주었단다. 피로연에서 빠질 수 없는 노래 시간이 되었는데, 대학 친구들이 나를 추천하여 엉겁결에 김연숙 가수의 '그날'을 불렀다.

부끄러움에 얼굴이 홍당무가 되어 무대를 내려가는데, '앙코르' '앙코르' 앙코르 신청이 들어와서 다시 우순실 가수의 '잃어버린 우산'을 불렀다. 무슨 용기로 두 곡을 불렀는지 지금 생각해 봐도 아찔하다.

내가 이 얘기를 왜 하냐면, 나는 직업 군인 아내로서 열심히 살았다. 결혼하고 얼마 지나지 않아 남편이 최전방으로 발령을 받았다. 6개월 된 딸아이와 물설고 낯선 곳으로 이사하였다.

이삿짐을 옮기고 1주일 만에 초급 장교인 남편은 최전방 근무하러 6개월 동안 집을 비웠다. 두 번 외박 온 것이 전부다. 그땐 연락하기도 어렵고 힘든 시절이어서 내가 할 수 있는 것은 매일매일 하루의 일기를 편지로 써서 남편에게 보냈다.

최전방에서 근무하는 남편에게 그날의 뉴스나 커가는 딸 이야기, 책을 읽고 난 후에 감동적인 구절 써 보내기, 신문을 읽고 요점 정리하여 매일 편지를 보냈다. 6개월, 3개월 또 3개월 최전방 근무를 3차례하고 나니 편지글은 꽤 많이 모였다. 최전방 생활 4년 동안 남편이 집에서 출, 퇴근하며 같이 생활했던 기간은 2년도 채 되지 않았다.

나이 들어 추억어린 편지글을 꼭 책으로 만들겠다고 생각했다. 이 생각이 책 쓰기의 시초가 되었다. 책 쓰기를 하고 싶다면 순간의 기록을 멈추지 말아야 한다. 스쳐 가는 모든 것이 책 쓰기 소재가 된다. 의도한 바 아니지만 지금 나에게는 34년 전의 일기가 고스란히 기록으로 남아있다.

신문 구독한 지가 벌써 40년이 지났다. 누가 권한 것도 아닌 데 나는 고등학교 시절부터 신문을 구독하였다. 활자로 된 종이 신문은 은은한 잉크 냄새도 좋았고, 신문 지면에 온갖 세상 얘기가 살아 있어서 좋았다.

나는 신문을 통해 간단한 지식을 쌓았다. 신문에서 많이 배웠다. 병원에서 근무할 당시, 사무장이 말했다. "보라 씨, 신문만 읽어도 뒤처지지 않으니 꼭 신문 보세요." 하면서 추천했다.

오랜 습관은 나이 60세가 넘어서도 한결같다. 몇 년 전에 잠깐 신문 구독을 멈춘 적이 있다. 이상하게 마음이 허전했다. 오래된 친구와 작별한 기분이었다. 몇 달을 못 버티고 다시 신청하였다. 나이가 들고 노안이 와서 작은 글씨 보는 것이 불편해서 돋보기도 맞추었다.

멈추면 보이는 것들이 있다. 하지만 새롭게 도전하는 것은 멈추면 다시 시작하기가 어렵다. 더욱이 나이가 들면서 더 힘들다. 조금씩 쉼 없이 노력하는 것만이 방법이다.

'스윗 프랑세즈' 영화를 몇 번이나 보았다. 남자 주인
공의 그윽한 눈빛을 좋아했는지도 모른다. 스윗 프랑세
즈는 소설을 원작으로 한 영화다. 세계 제2차 대전 때, 작
가인 유대인은 아우슈비츠에 끌려가 생을 마감했다고 한
다. (영화 마지막 자막 중에서)
실제로 소설 '스윗 프랑세즈'는 5부로 이뤄진 대하소
설이지만, 작가의 사망으로 이 영화는 2부 돌체를 기반
으로 제작한 작품이라고 한다.

'스윗 프랑세즈'의 뜻은 '프랑스 모음곡'이라고 하
는데, 영화 속 남자 주인공의 연주는 그 시절의 암울함
속에 잔잔하면서도 슬픔을 동화시키는 힘이 있다, 이 영
화를 소개하는 것은 생의 마지막이 언제일지도 모르는
전쟁 속에서 작가는 펜을 놓지 않았다는 것이다.

목숨이 위험한 작가의 멈추지 않은 글이 있었기에 미완
성인 소설을 딸이 발견해서 출간한 것이 가장 큰 의미가
있다. 2004년에 '스윗 프랑세즈'로 출간되었으며 세
계적인 베스트셀러가 됐다.

그녀의 딸은 말한다. "어머니가 살아 돌아오신 듯한 놀라운 감정이 든다." "나치는 어머니의 정신까지 죽일 수 없었던 거다." "이는 복수가 아닌 승리다." 글은 사람의 마음을 움직일 수 있는 강렬한 무기다.

여자 주인공이 차를 몰고 떠나면서 하는 독백이 아직도 가슴을 울린다.
"우린 서로의 감정을 단 한 번도 말하지 못했다,"
"사랑이란 한 마디조차도"

삶과 죽음이 눈앞에서 넘실거려도 멈추지 않았던 작가의 글은 세상에서 빛을 발했다.
멈추지 마라!
멈추지 않을 것이다. 지금 시작했으니 멈출 수가 없다,

5장. 나는 이렇게 작가가 되었다.

– 도전하기에 늦은 나이는 없다.

시간은 기다려 주지 않는다. 내가 원할 때, 시간은 냉정하게 흘러간다. 새로운 것을 배우고 도전하기에는 큰 용기가 필요하다. 코로나 범유행 당시, 백신접종 부작용으로 인해 응급실을 아홉 번이나 찾았다. 갑자기 가슴이 널뛰어 혈압까지 덩달아 높아져 매우 위험한 상황이었다.

눈앞에서 흔들거리는 삶의 그림자가 너무 두려웠다. 살기 위해서 내려앉는 눈꺼풀을 억지로 뜨고 있는 순간, 내 생의 마지막이 떠올랐다. 그리고 다시 일상으로 돌아왔을 때, 나는 결심했다. 더 늦기 전에 내가 도전하고 싶은 작가가 되기로 다짐했다.

나이 61세에 책 쓰기 수업에 도전하는 나의 이야기다.

2018년 봄

"혹시 강원 여성 문예 대전에 나가실 분 안 계세요?"

호기심에 눈이 반짝 빛났다.

오랜 시간 나를 증명할 기회가 없었다. 응모전을 모르기도 했고, 애써 외면하기도 했었다. 그렇게 강원 여성 문예 대전 수필 부분에 참여하였다. 현장에서 '누이'라는 시제를 받고 글을 써 나가는 데, 내 어릴 석 기억이 떠올랐다. 망설이지 않고 단박에 술술 글을 써 내려갔다.

수필 차상으로 입상하여 강원도지사 상패를 받았다. 두 번 더 도전하여 결국은 제30회 강원 여성 문예 대전에서 수필 부문 '장원'을 수상하였다. 비록 늦은 나이에 도전한 글짓기 대회에서 작은 결실을 보았다. 이 일로 나에게 도전이란 때가 없다는 것을 깨달았다.

대한민국의 국가대표인 신유빈 탁구선수와 대결해서 화제를 모았던 '탁구 할머니' 네 샷 랜(룩셈부르크)에 관한 기사를 읽었다. 네 샷 랜은 올림픽 탁구 경기에서 최고령 승리 기록으로 기네스 세계 기록까지 세운 61세의 여성이다.

신유빈과의 경기 후에 남긴 말, "오늘의 나는 내일보다 젊습니다. 계속 도전하세요."라는 명언을 남겨 많은 사람에게 용기와 희망을 주었다. 또한 "제가 경기를 하는 것만으로 역사적인 순간." 이라는 뿌듯한 소감을 밝혀 국내 팬들에게 네 샷 랜이 보인 노익장은 많은 교훈을 남겼다.

심리학자 안데르스 에릭슨이 제시한 '만 시간의 법칙'이 생각났다. 어느 분야를 막론하고 전문가가 되기 위해서는 적어도 만 시간의 연습이 필요하다는 이론이다. 네 샷 랜도 탁구 실력에서만큼은 만 시간의 법칙이 현실로 증명된 훌륭한 예시가 되고 있다고 감히 생각한다.

요즘 책 쓰기 수업을 시작한 나는 큰 위안을 받았다. 하루아침에 이루어진 것은 없다. 고민만 하다 실행에 옮기지 못한 경우가 많기 때문이다. '천 리 길도 한 걸음부터' '시작이 반이다.' 어떤 일이든지 시작해야 결과를 얻을 수 있고, 또 시작이 크지는 않더라도 꾸준히 해 가는 게 중요하다(백과사전 풀이)는 속담처럼 나의 천 리 길의 시작은 지금부터다.

2023년 12월 31일, 8년 간의 아동 복지 교사 생활을 마무리하였다. 새봄이 오기 전에 지역 여성회관에서 상반기 프로그램을 신청해 놓고 3월 개강을 기다리고 있었다. 어느 날, 아침에 눈을 뜨니 화장대 위에 제법 두툼한 흰 봉투가 보였다. 남편과 단둘이 살고 있는 집이라 분명 남편이 무언가를 갖다 놓았을 텐데 궁금하였다.

편지글과 함께 만 원짜리 지폐 500장이 들어 있었다. "지윤 엄마, 환갑을 축하하오. 그동안 직장 다니느라 수고 많았소. 그토록 하고 싶었던 책 쓰기 수업을 신청하시오. 당신이 오랫동안 꿈꾸었던 작가를 지금 당장 실행에 옮깁시다. 내가 몇 년 동안 조금씩 용돈을 모아서 책 쓰기 수업료에 보태니 걱정하지 말고 시작하시오. 항상 고마웠소."

멍하게 몇 분 동안 앉아 있었다. 눈물이 쏟아졌다. 무뚝뚝한 전형적인 경상도 남편의 속마음은 늘 한결같았고, 말로 표현하는 대신 행동으로, 항상 나를 울렸다. 결혼하고 난 뒤에 '나는 작가가 되는 게 꿈이다. 나이가 들면 꼭 이루고 싶다.'라고 입버릇처럼 노래한 것을 남편은 기억하고 있었다.

만 60세 정년퇴직을 하고 만끽한 휴식은 나를 행복하게 했다. 캘리그라피, 우쿨렐레, 한국사 공부 등 그동안 배우고 싶은 것을 이미 신청해 놓은 상황이었다. 상반기 프로그램이 6월 말경에 끝나니 7월 초에 바로 책 쓰기 수업에 참석하기로 했다.

가슴에 뜨거움이 뭉클거렸다. 책 쓰기 수업이 간단하지는 않다. 가정주부에게 큰 부담이 되는 몇백만 원의 경제적인 뒷받침이 있어야 하고, 시골에서 서울까지 매주 시간적, 경제적, 물리적인 부담이 있지만, 꿈을 향한 여정에 이런 불편함은 아무 문제가 되지 않았다.

책 쓰기 수업 첫날, 7월의 강렬한 햇볕만큼이나 희망이 타올랐다. 새벽 일찍 일어나 고속버스를 타고 전철을 두 번 갈아 타고, 뜨거운 뙤약볕에 남편과 나란히 걸어가면서도 발걸음이 흥분에 겨워 춤을 추듯이 가벼웠다.

이제 시작이다. 더 이상 물러날 곳이 없다. 마음으로 몇 번을 다짐하고 의지를 다졌다. 그토록 바라던 작가가 되기 위해 나이 61세의 시골 아줌마는 오늘도 감사한 하루하루를 채우고 있다.

시바타 도요 시집 '약해지지 마'를 읽었다. 초판이

2010년 출간되었을 때, 곧 백 살이 되는 시인의 나이는 아무 문제가 되지 않았다. 오히려 삶의 '희 노 애 락'을 다 겪고 살아온 생활의 지혜가 시 속에 담겨 있다.

취미가 독서, 영화, 노래 감상이었던 시인은 아들의 권유로 시를 쓰게 된 계기가 되었다. 아흔이 넘은 나이에 산케이 신문의 '아침의 시'에 입선한 후, 시집을 내게 되었다.

시바타 도요 시인은 시 쓰기를 통해 인생에 괴롭고 슬픈 일만 있는 건 아니라는 사실을 알게 되었다고 말한다. '인생은 언제라도 지금부터야. 누구에게나 아침은 반드시 찾아온다' 라고 긍정적인 생각을 한다.(시집 중에서 옮김)

정신이 번쩍 들었다. 나태해진 나를 일으켰다. 할 수 있음에도 게으름을 부린 내가 한심스러웠다. 시는 간결했으며 우리 생활의 일부분을 따스하게 녹여 글로 표현하였다.

시간이 날 때마다 시 한 구절씩 읽는다. 전문가가 아니어도 평범한 주부든, 누구든 책 쓰기는 할 수 있다는 것을 증명해 준다. 글을 쓴다는 것은 어수선하고 어지럽혀 있는 내 삶을 정갈하게 정리하는 것이다.

시바타 도요 시집 중에서

　　－약해지지 마－

있잖아, 불행하다고
한숨짓지 마

햇살과 산들바람은
한쪽 편만 들지 않아

꿈은
평등하게 꿀 수 있는 거야

나도 괴로운 일
많았지만
살아 있어 좋았어.

너도 약해지지 마

위안을 받았다. 눈물이 났다. 진실한 삶을 살아온 사람만
이 할 수 있는 얘기다. 어려운 단어는 없다. 전문 용어가
풍기는 거만한 느낌도 없다. 나도 이런 글을 쓰고 싶다.
좀 더 진솔해져야겠다. 더 나이가 들기 전에.

용기를 얻었다. 다소 부족하더라도 계속 정진하는 내가
되고자 다짐한다.

– 두려움을 버리면, 길이 보인다.

To Treno Fevgi Stis Okto 기차는 8시에 떠나네 – 아
그네스 발차(Agnes Baltsa)
1940년 그리스, 이탈리아 침공을 물리치고 승리하지만,
독일에 의해 다시 점령당했다. 그러자 그리스인들은 레
지스탕스들이 저항했다.

한 청년이 전쟁이 끝나면 돌아오겠다고 사랑하는 연인에
게 약속했다. 11월의 어느날 8시, 레지스탕스의 최종 집

결지인 카테리니(Katerini)로 기차는 떠난다. 훗날 그 청년은 돌아오지 못했다.

매일 그를 기다리던 여인은 그가 떠났던 고향 역에서 지난날을 회상하며 비통해한다.

기차가 8시에 떠나네!
카테리니로의 여정으로
11월은 머무르지 않을 달
당신은 기억 않을 8시
당신은 기억 않을 8시
카테리니로 가는 기차
11월은 머무르지 않을 달
우연히 당신을 다시 보았어
레프테리스에서 우조를 홀짝거리던
그 밤은 다른 곳으론 오지 않을 거야
당신만의 비밀들을 간직한
당신만의 비밀들을 간직한
또 그것들을 알고 기억하는
밤은 다른 곳으론 오지 않을 거야.
기차가 8시에 떠나네.

그러나 당신만은 남아 있네

카테리니의 초소를 지키며

5시부터 8시, 안개 속에서

5시부터 8시, 안개 속에서

당신 마음속의 칼이 되었네

카테리니의 초소를 지키며

－AlexK Pop 글 옮김－

사랑은 떠나간다. 그 사랑을 기다리는 여인의 기약 없는 만남에 가슴이 무너진다. 보이지 않는 앞날은 누군가에 겐 두려움의 시간이다. 두려움을 극복하기 위해서 무엇이 필요할까? 나 또한 앞이 보이지 않아 막막할 때가 많았다. 안개처럼 뿌옇게 흐린 시야가 사라지기를 기다리는 것은 고통이다.

노래를 수없이 들었다. 돌아오지 않을 연인을 기다리는 막연한 희망은 그래서 더 슬프다. 글을 쓰는 사람은 감성이 풍부해야 한다. 노래를 들으면서 한 폭 상상의 그림을 그린다. 회색빛 틈 사이로 가느다란 불빛이 보인다. 글을 쓰는 사람에게만 보이는 길이다. 두려움을 떨쳐 버리자.

파리 패럴림픽이 한창이다. 텔레비전 방송을 시청하다가 그대로 숨이 멎었다. 잠시 잠깐 헉! 소리가 났다. 내가 무얼 보고 있는 거지? 한국 최초로 파라 트라이 애슬론 (철인 3종) 종목으로 김황태 선수가 출전하여 완주했다는 소식이었다.

텔레비전 화면에 비치는 김황태 선수는 두 팔이 없는 장애인이었다. 일상생활조차 순탄하지 않을 두 팔이 없는 모습에 시선이 꽂혔다. 하나의 종목에 도전하는 것도 힘들고 어려운데, 세 가지 종목을 완주한 것이다.
포털사이트에 트라이 애슬론을 검색해 보았다.
2016년 리우 패럴림픽에서 처음 정식 종목으로 채택되었고, 수영 750m, 자전거 20km, 달리기 5km로 구성된 스프린트 경기라고 한다. 2024년 파리 패럴림픽에서 우리나라의 김황태 선수가 처음 출전했다.

수영, 사이클, 달리기 세 가지 종목을 한 선수가 연이어 수행하는 복합 스포츠라고 쓰여 있다. 극한의 체력과 정신력을 시험하는 종목을 완주하고 난 뒤의 행복한 미소를 짓는 김황태 선수의 모습에 눈물이 핑 돌았다. 감동의 충격이 머리를 세차게 강타했다.

두 팔을 대신해 주는 전문 의수를 끼우고 두 다리로 힘껏 자전거 페달을 밟는 모습에 인간 승리의 참모습을 보았다. 수영은 두 팔을 휘저으며 나아가는 힘이 중요한데, 오직 어깨와 허리, 다리로 혼신으로 수영하는 모습은 차마 어떤 표현으로도 존경의 말을 전할 수 있을까?

과거 불의의 사고로 양팔을 잃었지만, 좌절하지 않고 달리기를 시작하며 위기를 기회로 전환한 김황태 선수는 "이번 도전이 선수 생활의 끝이 아니라 시작이라는 마음으로 앞으로도 끊임없이 정진하고 노력하는 선수가 되겠다."라고 각오를 다졌다.

패럴림픽 역사를 새롭게 쓴 자랑스럽고 멋진 김황태 선수야말로 우리 모두에게 도전의 참된 의미를 보여 준 것이다.

여태 힘들었다고 징징대던 내 모습이 한없이 초라하고 작아졌다. 주위를 둘러보면 의외의 인간 승리를 접하는 경우가 많다. 처음 도전할 때의 막막하고 두려운 마음은 본인의 의지가 없다면 불가능하다.

많은 사람에게 자신의 한계를 극복하고 꿈을 향해 도전할 수 있는 용기를 준 김황태 선수에게 뜨거운 격려와 응원의 박수를 보낸다. "고맙습니다." "다시 힘을 낼 수 있게 해 줘서 감사합니다." 진심으로 마음을 전한다.

아자! 아자! 나도 힘을 내자. 나도 할 수 있다. 도전하는 지금이 가장 행복하다.

가족의 힘은 강하다. 쓰러지기 일보 직전에 가장 먼저 가족들의 얼굴이 떠올랐다. 2019년 코로나19 펜더믹 때, 백신 1차 접종을 하고 난 뒤에 부작용이 왔다. 갑자기 심장이 날뛰어서 맥박도 같이 용솟음쳤다. 응급실에 8~9번 갔다.

그날은 유독 심하게 심장이 뛰었다. 저녁 무렵 응급실에 들어가 새벽 2시경 집에 왔다. 남편은 밖에서 하염없이 기다리고 혼자 생사를 헤맸던 기억이 난다. 링거를 손등에 꽂고 여러 가지 약물을 추가해도 모니터에 나타나는 수치가 내려가지 않아서 의사 선생님과 간호사가 왔다

갔다 정신이 없었다.

눈꺼풀은 내려앉고 온몸은 경련이 일어나고 정신은 혼미한 가운데, '내가 살아서 응급실을 나갈 수 있을까?' '죽을 수도 있겠구나!' 두려움이 확 밀려왔다. 처음으로 느껴본 죽음의 그림자였다. 눈을 감으면 다시는 일어나지 못한다는 극도의 불안감에 있는 힘껏 눈에 힘을 주고 떴다 감았다 반복했다.

그동안 살아온 순간들이 주마등처럼 지나갔다. 아이들이 생각났다. 못해 준 것만 떠올라 눈물이 났다. 살아야겠다는 의지로 기도를 계속했다. "하느님, 저를 살려 주세요. 제발 살려 주세요." 바들바들 몸은 떨리고 의식이 희미해지는 순간 기억이 없다.

가물가물 사람들의 움직이는 모습이 보인다. 내가 깨어났다. 몇 시간을 사투하다시피 했다. 응급실 담당 선생님과 간호사분이 수고 하셨다. 정말 감사했다. "하느님, 살려 주셔서 감사합니다. 정말 감사드립니다." 하염없이 눈물이 흘러내렸다.

다시는 경험하고 싶지 않은 삶과 죽음의 갈림길을 잊을 수 없다. 찰나의 고비마다 가족들이 가장 먼저 떠 올랐다. 가족은 내가 살아가는 이유다. 살아가야 하는 힘이다. 가족을 생각하면 두려움이 작아진다.

책 쓰기는 그때 결심했다. 아픈 고비를 넘기면서 이제 더이상 미루지 않으리라 결심했다. 두려움을 글로 풀어내기로 작정했다. 나의 이야기를 하고 싶었다. 어떤 상황에서도 두려움을 이겨내면 희망의 길이 보인다. 두려움의 시꺼먼 장막을 걷어내기 위해서는 용기가 필요하다. 그 용기를 가족에게서 얻는다. 가족은 힘이다!
─ 칭찬은 꿈을 꾸게 한다.

칭찬도 들은 본 사람이 칭찬할 줄 안다. 칭찬을 자연스럽게 받아들인다. 사랑도 받아 본 사람이 남을 사랑할 줄 안다. 나 또한 어린 시절 칭찬을 받아 본 기억이 없다. 학교나 이웃 어른들에게는 참하다고, 착하다고, 공부 잘한다고 수시로 칭찬을 받았다.

먹고 살기 어려운 우리 집에서는 자식을 칭찬하는 데 인색했다. 정확히 말하자면 그럴 여유가 없었다. 입에 풀칠

하기 바쁜 형편에 자식들을 돌 볼 여유가 없던 시절이었
다.

어린 나이에 우리들은 스스로 알아서 움직였다. 장사에
고달픈 엄마를 대신에 각자 정해진 일을 했다. 청소도,
빨래도, 집안일도 고사리 같은 손으로 책임을 다했다.

백 점 맞은 시험지를 받아 와도, 그림을 잘 그리는 큰 언
니가 상장을 받아 와도 그만이었다. 섭섭한 마음도 없었
다. 칭찬을 받지도 못하고 칭찬을 못하고 살았던 시절이
었다.

문제는 그 이후의 일이다. 딸이 어릴 때부터 예쁘다는 소
리를 달고 살았다. 보수적인 경상도에서 자라 자기 자식
을 칭찬하는 것은 팔불출인 줄 알았다. 부모님의 칭찬을
받지 못하고 자라서인지 나도 우리 아이들을 키울 때 칭
찬에 인색했다.

혹시라도 교만할까 봐 지레 겁을 먹고 시행착오를 겪었
다. 아이들이 대학을 가고 난 뒤에 나는 아이들에게 용서
를 구했다. "그땐 혹시라도 얼굴 예쁘다는 소리에 건방

질까 봐 엄마가 잘못했다고." 고 진심으로 용서를 구했다.

신부님께 상의한 적도 있다. 신부님이 "자매님, 잘못하고 있습니다. 칭찬할 것은 칭찬해 줘야 합니다. 지금이라도 늦지 않았으니 아이들에게 사랑과 칭찬을 아끼지 마십시오."

어른이 되어서도 많은 부분 실수를 하고 산다. 나는 깨달았다. 오만한 나의 좁은 생각으로 아이들의 마음에 얼마나 큰 상처를 주고 살아왔는지. 후회스럽다. 부모도 부모 교육을 받아야 한다.

'칭찬은 고래도 춤추게 한다.'
칭찬은 아이들의 생각과 가슴에 무한한 날개를 달아 더 넓은 세상에서 상상의 꽃을 활짝 피우게 한다. 어른도 때론 칭찬이 그립다.

아이들과 함께한 지역 아동 센터에서의 8년 생활은 나에게 큰 축복이었다. 순백한 아이들의 까만 눈동자는 많은 이야기를 담고 있다. 아이들의 눈높이에서 친구가 되었다.

개성도 제각각이어서 특별한 경우에는 칭찬을 아끼지 않았다. 그림 실력이 뛰어나거나, 글짓기에 소질이 보인다거나 축구를 또래에 비해 월등하게 잘 한다거나 하는 아이들은 칭찬과 함께 응원을 보내기도 했다.

학습적인 부분은 조금 부족하지만, 보드게임 시간에는 남들보다 뛰어난 두뇌 플레이가 보인다거나 독서 시간에 질의응답을 해보면 기발하고 상상력이 풍부한 아이가 있다. 재치 있는 질문과 대답을 하는 영특한 아이들도 만났다.

다만 안타깝게도 아이들은 칭찬을 어색해했다. 나중에 알게 된 사실에 가슴이 아팠다. 가정에서 칭찬을 해줄 부모님이나 가족들의 부재와 무관심이 아이들에게 무반응을 초래한다는 사실이다.

칭찬을 하면 "아닌데요. 난 못해요. 잘하지 못해요." 등 부정적으로 자신의 장점을 내팽개치듯이 말하는 습관이 있었다. 칭찬을 받아들이지 못한다. 칭찬을 받아 본 아이들이 칭찬을 즐길 줄 안다.

나는 아이들에게 "아니야, 진짜 잘했어. 칭찬을 받아도
돼." 하고 말했다. 적당한 칭찬의 효과는 능력 이상의
힘을 발휘할 수도 있고, 긍정적인 사고를 지니게 된다는
것을 경험으로 알고 있다.

책 쓰기를 하면서 알게 된 사실이 있다. 포기하지 않으면
기회가 온다는 사실이다. 책 쓰기를 하면서 들었던 말.
'글을 잘 쓴다.' 라는 칭찬은 나에게 희망을 준다. 입에
발린 하얀 거짓말도 때론 한 사람의 운명을 변하게 하는
힘이 있다. 볼품없는 61세 전업주부의 글솜씨를 칭찬해
주는 사람들에게 감사드린다.

주말을 집에서 보내고 일요일 오후 10시까지 회사 기숙
사에 들어가야 했다. 아버지의 규제가 싫어 회사 기숙사
를 신청했지만, 발걸음은 토요일마다 집으로 향했다.

아직 대학에 다니기 전이어서 우리 집 사정이 좋아지기
전이었다. 엄마는 여전히 새벽 공기를 뚫고 도시에 나가
생선을 사 왔다. 사계절 엄마의 몸에서는 생선 비린내가

진동하였다.

눈이 오나 비가 오나 엄마는 몸이 아파 앓아누울 여유도 없었다. 막내 여동생이 두 살 때부터이다. 엄마의 고생은 아버지의 교통사고가 그 시발점이었다.

교통사고로 다리가 성치 않았던 아버지를 대신해서 엄마가 가장인 시절이었다. 밥도 제대로 챙겨 먹지 못하고 연약한 여자의 몸으로 장사를 하는 엄마의 모습을 보면서 '나는 저렇게 살지 말아야지!' 결심했다.

그 고생을 어찌 글로 말로 표현할 수 있으랴!
아버지의 술주정은 엄마를 더 지치게 했다. 아버지의 모습은 '술 마시고 가족에게 함부로 하는 남자랑 결혼 절대 안 할 거야!' 우리 자매들의 무언의 약속이 되었다.

토요일 근무를 마치고 저녁 늦게 집에 도착하면, 먼저 집 청소를 했다. 피곤한 엄마를 대신해서 자정까지 구멍가게를 봐주었다. 꾸벅꾸벅 졸고 있는 엄마가 안쓰러웠다.

나는 양면성을 가지고 있었다. 10대까지는 엄마를 미워

153

했다. 집 형편을 빤히 알면서도 공부를 시켜 주지 않아서 반발심이 극에 달했다. 아버지가 무서워 약한 엄마한테 더 신경질을 부렸다. 같은 여자이면서 딸이 봐도 엄마의 인생은 너무 불쌍했다.

엄마도 아버지 앞에서는 고양이 앞에 쥐처럼 꼼짝도 하지 못했다. 온갖 성질을 다 받아주었다. 엄마도 어쩔 수 없었겠지만 내가 훗날 배후자를 선택하는 가장 중요한 요인이 되었다.

일요일 아침부터 집 안 구석구석 언니, 여동생과 함께 집 청소를 하였다, 다행히 둘째 언니가 워낙 결벽에 가까워서 낡은 시골집은 지저분하지는 않았다. 일 년 열두 달 쉬는 날 없이 장사하는 엄마는 집에 신경을 쓸 겨를이 없었다.

몸은 고달파도 주말마다 집에 가서 도와주는 것이 뿌듯했다. 우리 집은 언제쯤 가난에서 벗어날까? 보이지 않은 희망 사항은 내가 대학을 졸업하고 병원 근무할 때쯤 가정형편은 가난에서 완전히 탈출했다.

둘째 언니의 노력이 컸다. 신협에 다니면서 우리 집 경제를 점차 플러스로 돌려놓았다. 엄마의 땅 보상금이 가장 큰 한몫을 했다. 밑의 동생들은 마음만 먹으면 대학을 갈 수 있었다.

그 당시 시골 동네에서는 잘 사는 집 친구들도 대학에 몇몇 가지 않았다. 1980년대 초, 시골에서는 여자들이 고등학교만 나와도 기본이 되었던 시절이었다. 그중에서 나는 오히려 중, 고등학교는 제대로 다니지 못했어도 어엿한 대학생이 되었다. 친구들도 이런 나를 놀라워했다. 익히 배움의 끈을 놓지 않으리라는 생각은 다들 하고 있었지만 실천에 옮기는 것을 보고 놀라는 눈치였다.

가끔 스스로 칭찬한다. 열심히 살았다고, 꿈을 놓치지 않고 지금껏 버텨왔다고. 책 쓰기가 아니었다면 나를 칭찬할 일이 이 나이에 또 있을까마는 나는 칭찬을 받고 싶다.

– 포기하지 않았다.

방송통신고등학교를 졸업하고, 우리나라 굴지의 S 전자에 생산직으로 들어갔다. 내 또래 30~40여 명이 한 기수가 되었다. 회사는 크게 일하는 곳에 따라 본부동, 기술도, 생산동으로 나뉘어져 있었다. 명찰 색깔에 따라 근무하는 곳을 알 수 있었다.

갓 고등학교를 졸업하고 온 친구들이 대부분이었다. 나는 회사 기숙사를 신청했다. 아버지의 심한 구속에서 집을 떠나는 게 나의 첫 번째 이유였다. 정신적으로 자유롭게 지내고 싶었다. 그러나 회사 기숙사 또한 기강이 심했다. 1980년, 일주일에 두 번 외출할 수 있고, 외박은 일주일에 한 번, 밤 11시에 점호를 하는 그야말로 군대식이었다.

나는 상관없었다. 설마 우리 집보다 심하겠냐는 생각이었다. 기숙사에는 사감 선생님과 부 사감 선생님이 있었고 우리의 생활을 보호하고 통제하는 역할을 했다. 기숙사에서 신입사원의 첫 모임 때 나의 첫 질문은 "기숙사에 도서관이 있나요?"였다. 무표정인 사감 선생님이 당황한 말투로 말했다. "없어요."

내가 제안한 도서관은 의견이 반영되어 처음으로 기숙사 건물에 도서관이 생겼다. 나는 힘든 일을 마치고 기숙사로 가지 않고 바로 도서관으로 향했다. 대학을 가야겠다는 목표를 세우고 교과서를 준비해 왔다.

혼자 하는 공부는 진척이 없었지만 매일 조금씩 꾸준하게 공부하였다. 첫해는 준비만 하고 이듬해에는 본격적으로 시작하였다. 입사한 지 몇 달 지나지 않아서 사보 기자를 뽑았다.

이력서에 취미, 특기란에 '글짓기'라고 적어 놓은 것을 본 과장님이 나를 추천하여 사보 기자 1기가 되었다. 본부동에서 사장님 비서실 여직원, 기술동은 한양대를 졸업한 엘리트 사원이, 생산동에서는 내가 유일하게 혼자 뽑혔다.

주기적으로 회의도 하고, 사보에 낼 의견도 모으고, 회사 탐방 원고도 쓰고, 여러 가지 홍보 활동도 하면서 회사 생활은 인정받았다.
대학을 가기 위해 학력고사를 쳤다. 독학으로 한 공부치고는 시험점수가 괜찮았다. 1983년 2월 초에 사표를 썼다. 인사과에서 호출이 왔다. 생산직 여사원의 사표를 만류하기는 처음이라고 했다. 회사에 원하는 것을 말해 보라고 했다.

원하는 부서로 옮긴다던가, 특별히 야간대학에 다닐 수 있도록 시간 배려를 해주겠다는 말에 마음이 흔들렸다. 고민이 많았다. 일은 또 할 수 있지만, 공부할 수 있는 기회는 이번이 마지막이라는 각오로 마음을 굳혔다.

하지만 문제가 생겼다. 우선 우리 집에서는 무조건 반대였다. 나는 22개월 동안 월급을 저축하여 대학 입학금과 대학 다닐 동안의 용돈도 모았다. 토요일에 집에 가서 이불을 싸매고 대학을 보내 주지 않으면 죽는다고 엄포를 놓았다.

대학 입학금을 내달라는 것도 아니고, 내가 벌어서 가겠다는데도 막무가내인 부모님을 보면서 마음의 앙금이 많이 쌓였다. 자식의 앞날을 막고 있다는 생각에 마음의 상처를 치유하기까지 오랜 시간이 걸렸다.

나의 10대를 희생하면서 집을 위해 살았는데, 이번 기회가 아니면 내 인생의 돌파구를 찾지 못한다는 불안감과 기회는 두 번 다시 오지 않는다는 불확실한 미래에 대한 두려움에 무조건 대학을 가야 했다.

4년제는 꿈도 꿀 수 없었다. 성적은 안정권으로 갈 수 있는 곳이 많았다. 주위에서 2년제인 유아 보육과를 권했다. 왜 임상병리학을 선택했는지 지금 생각해도 의문이다. 우선 2년제로 학기가 짧았고, 병원에서 안정적으로 전문 직업을 갖는다는 이유인지도 모른다.

대학을 가고 새로운 직장을 찾은 내 인생의 변환점이 글 쓰는 작가가 되기 위한 초석이 되는 이유이기도 했다. 그 과정을 쏟아내는 것이 책 쓰기이다.

모든 것을 스스로 결정하는 습관은 어릴 적부터 생겨난 일이다. 누가 대신해 주지 않았기 때문이다. 한순간도 나를 포기하지 않고 치열하게 살아왔다고 자부한다. 포기하지 않았다. 포기할 수가 없었다. 포기하지 않아 나는 책 쓰기를 통해 작가가 되고자 하는 것이다.

참 어려운 일이다. 포기하지 않은 삶은 다른 하나를 얻기 위해서 다른 하나를 버려야 한다. 끈기도 있어야 한다.

좋아하는 것을 얻기 위해서 버려야 하는 용기는 생각처럼 쉽지 않다.

포기하지 않아야 얻는 열매는 더 값지다. 인생의 성공은 누가 평가해 주는 것이 아니다. 내 스스로 획득하는 결실이다. 책 쓰기는 과거와 현실과 미래의 나를 연결해 주는 삶의 문고리다. 그 문고리를 열 때마다 마주치는 나에게 응원한다.

작은 기회가 생기면 어김없이 글을 쓴다. 포기하지 않았다.

강원도 평창 봉평 길거리 문화제에서 쓴 글이다.

−가을 여행

한 달여 동안 온 나라를 떠들썩하게 했던 청문회가 끝났다.
초유의 태풍 소식과 함께 아침부터 저녁까지 끝도 없이 쏟아내는 검증되지 않은 온갖 새로운 소식과 뉴스가 사람들의 마음을 찌들고 지치게 했다.

차라리 태풍 피해로 인해 힘들어진 시골 농가의 소식이나 침수 피해, 붕괴 사고가 서로 가슴을 부둥켜안고 공감하지만, 소위 대한민국 상위 1%의 가진 자들의 별 해괴한 신분 상승의 도구가 되어 버린 각종 스펙과 의구심은 이해하기도 어렵지만, 피부에 와 닿지도 않았다.

왜냐하면 그렇게 살지도 않았을뿐더러 그럴만한 위치에 있지도 않은 소시민들은 그저 묵묵하게 자신의 일터에서 성실하게 열심히 살아온 죄 밖에 없기 때문이다.

계절은 거짓이 없다.
자연 앞에 인간은 겸손해진다.
자신만큼은 누구보다도 진실을 알고 있기에 우리는 남의 이야기에 왈가불가, 불구경처럼 흥미로울 것도 없고 자신의 양심 앞에 부끄러움이 없기를 노력하며 살아야 한다.

열어 놓은 베란다 창을 통해 어느새 가을바람이 고개를 쏙 내민다.

몸을 추스르며, 한 겹 더 옷을 여미며 가을맞이를 준비해
야겠다.

바람 따라

물길 따라

발길 닿는 곳으로

가을 여행을 떠나야겠다.

길가의 이름 모를 한 포기 풀에도 생명은 깃들어, 보는
사람으로 인해 잠시 발길을 멈추게 한다.

크고, 넓고, 좋고, 많은 것만이 세상의 가치가 아니라 소
소하게 작은 것들이 더 진한 행복을 가져다주는 살만한
세상이 되기를 소망해 본다.

잔잔한 메밀꽃 무리가 바람결에 칼군무를 춘다.

모두가 한 곳을 바라보고

바람길 따라 모두가 한 곳으로.-

'자신을 과소평가하지 마라'는 말을 기억하자. 어떤
곳에서는 내 글이 쏘아 올린 작은 불꽃이 될 수 있음을,

'공순이' '공돌이' 소리를 싫어한다. 공장에 다니는
사람을 부르는 호칭이었다. 나도 '공순이' 출신인가?
기분이 나빴다. 사연이 있는 개개인의 삶을 이렇게 무시

하며 깎아내려도 괜찮은 것인가!

통속적으로 사람을 평가하는 것이 싫었다. 이런 이유로 개인적인 이야기를 잘 하지 않았다. 평가받는 것 같아 꺼렸다. 평범하게 살아온 인생이라면 책 쓰기에 할 애기가 없었을 것이다.

하루 8시간 작업은 힘들고 고달팠다. 꿈과 희망이 없었다면 견디지 못했을 것이다. 숱하게 나를 다그쳤다. 코피를 흘리면서 라디오 교육 방송을 들으면서도 나는 행복했다. 공부할 수 있으니까. 배울 수 있으니까!

내 앞날은 내가 설계해야 하는 아직은 어린 10대 소녀는 하루 24시간이 모자랐다. 녹초가 된 몸으로 기차를 1시간 타고 집으로 와서 다시 야학에 갔다. 야학 선생님들이 공부를 잘한다고 꼭 대학에 진학하라고 용기를 주었다.

야학이 방학하면 다시 1시간 30분 동안 기차를 타고 입시 학원에 다녔다. 코피는 수시로 났다. 그래도 힘이 솟구쳤다. 공부하는 것이 무엇보다 재미있고 행복했다. 이런 감정을 누가 알 수 있으랴!

나는 안다. 젊어 고생은 사서도 한다는 말, 힘들다고 포기하지 말고 한번 도전해 보라는 말. 결핍이 더러는 선물처럼 다가올 때가 있다. 경험치는 대신 해주지 못한다. 포기하지 않았다.

젊은 날의 나는 도전의 연속이었다. 임상병리학과는 임상 화학이 국가고시에서 차지하는 비중이 꽤 높다. 전형적인 문과 성향인 나는 화학 공부가 어려웠다. 제대로 배워 본 적이 없어서다.

대학 2년 동안 성적 장학금을 받고 다녔다. 열심히 공부했다. 집에서는 등록금도 차비도 용돈도 주지 않았다. 회사 생활하면서 모아 둔 천금 같은 돈으로 학교에 다녔다.

학과 대표도 하고, 문예부 차장도 하면서 공부를 소홀히 하지 않았다. 공부가 쉽진 않았다. 모든 게 새로운 도전이었다. 중학교, 고등학교 정규 과정을 제대로 배우지 않아서 제2외국어도 화학도 내겐 어려운 과목이었다.

국어 일반 교양 교수님이 말했다. "개교 12년 동안 교양 국어, 교양 국사 과목을 제일 잘하는 학생이다."라고. 꼬박 성적 장학금을 받았다. 졸업과 동시에 임상병리사 1, 2차 국가고시에 합격했다.

도전하지 않은 나는 없었다. 포기하지 않은 나는 없었다. 이를 악물고 현실에 도전하였다. 지금도 힘들고 어려운 젊은 청년들에게 말해주고 싶다. 어떤 상황에도 도전해 보라고. 힘내라고. 좋아하는 것을 포기하지 말라고 말해주고 싶다. 응원해 주고 싶다. 가슴 따뜻하게 안아주고 싶다.

내가 처절하게 아파 봤으니까. 놓쳐버린 시간을 되돌리기엔 너무 많은 희생이 따르니까. 지금이 가장 중요함을 일깨워 주고 싶다.

2018년 제27회 강원 여성 문예 대전에서 수필 부문 차상 작품이다.

－누나

지금은 어엿한 경찰로써 나라의 한몫을 하는 남동생에게

는 위로 네 명의 누나와 밑으로 한 명의 여동생이 있다.

어릴 적, 시끌벅적한 집에서 같이 자랄 때, 항상 부르고 들리는 소리가 '언니야!' 였다. 남동생도 고등학교 2학년이 될 때까지는 누나들에게 '언니야!' 라고 불러서 우리에게 혼났던 적이 많았다.

지금으로부터 40여 년 전에는 남아선호사상이 워낙 강해서 아들을 낳지 못하면 그 집안의 며느리로 인정을 받지 못했던 슬픈 시절이 있었다. 첫딸부터 내리 네 명의 딸을 낳은 친정엄마는 친할머니로부터 말할 수 없는 구박과 멸시를 받아 왔던 터라, 내가 결혼하기 전에도 몇 번인가 속상한 마음을 깊은 한숨과 함께 털어놓았다.

그도 그럴 것이 딸, 딸, 딸. 딸을 연년생 또는 두 해 건너 한 명씩 낳았으니, 친할머니의 불같은 모습이 눈에 선하다.

친정엄마는 출산 후에 몸조리는커녕 딸만 넷을 연달아 낳은 죄로 밥도 미역국도 제대로 먹지 못해서 혼자 설움을 울음과 함께 꾹꾹 삼켜야 했다고 우리 자매가 출산 후에, 친정에서 몸조리할 때마다 고장 난 수도꼭지처럼 반복해서 친할머니에 대한 원망을 쏟아내셨다.

큰 언니부터 네 명의 자녀가 한 해 걸러 한 번씩 출산을 하니 친정엄마의 설움은 그때마다 다시 생각이 나서 괴롭혔던 것 같다.

병원에서 아이를 안고 퇴원하는 날이면 친정엄마는 다른 사람들이 '친정엄마를 닮아서 딸만 낳는다'는 소리를 들을 까봐 차에서 내리자마자 재빨리 아파트로 들어가셨다.

다행히 큰 언니만 아들 한 명, 둘째 언니와 막내 여동생까지 딸, 아들, 딸, 아들을 안겨 드렸다.

아들 귀한 집 다섯째 외아들로 태어난 남동생은 어릴 때부터 자신이 하고 싶은 것은 무엇이든지 다 하고야 말았다. 가난하고 힘든 그 시절에 누나들은 외아들인 남동생 한 명을 위해 많은 것을 포기하고 양보해야 했다.

지금은 모두 나이가 60세를 향해 가는 반백 년이 넘는 세월이 흘러서 부모님도 여든이 훨씬 넘어섰고, 원망만

하든 친할머니도 돌아가신 지 벌써 30년이 다 되어가는 지금에서야 ' 누나 '라고 부르는 아들이 뭐가 더 중요한지 돌이켜 보니 세월이 덧없이 느껴진다.

그렇게 애지중지하던 외아들에게서 친정 부모님은 손녀 한 명만 얻었으니 그분들 또한 흐르는 세월 앞에 변화한 현실 앞에 어떻게 ' 손자 '만 고집할 수 있으랴!!

고등학교 특유의, 사춘기의 껄껄한 목소리로 턱수염이 삐죽삐죽 삐져나오던 그 시절에 마지못해 어색하게 부르던 남동생의 '누나'라고 부르던 그 모습이 오늘 불현듯 떠오른다.

'누나' 추억이 새롭다.–

가정주부가 책 쓰기에 도전하는 것은 모험이다. 특별한 전문 지식이 없는 그야말로 전업주부의 이야기는 새로울 게 없다. 삶의 여정에 녹아든 이야기가 있을 뿐이다. 그럼에도 멈추지 않는 것은 우리 앞날은 아무도 모르기 때문이다.

군청에서 선발한 아동 복지 교사가 되었다. 남편이 계급 정년에 걸려 전역을 앞두고 있었다. 가정 경제에 작은 보탬이 되고 싶었다. 전업주부가 된 지 26년 만에 새로운 직장을 얻었다.

보육교사 2급, 사회복지사 2급을 취득했다. '모르면 용감하다.'라고 누가 말했는가? 내가 그랬다. 너무 몰랐다. 공부를 우습게 생각했다. 나를 지도하는 담당자가 말렸다. "이렇게 공부하는 것은 무리입니다. 보육교사 자격증을 먼저 취득하고 다음에 사회복지사 자격증을 따세요."

사이버 강좌를 하루 서너 시간씩 들었다. 보육교사 공부를 하다 보니 사회복지사 자격증도 따고 싶었다. 욕심이 과하다 보니 공부하는 분량이 너무 많아 과부하가 걸렸다. 한 번 도전한 것은 결과를 성취해야 하는 성격에 거의 2년이 넘는 기간이 되었다. 실습도 혼자 알아서 찾아가야 하는 것이 가장 어려웠다.

도전했기에 인생 2막인 직장을 얻었다. 지역 아동 센터는 여러 가정의 형태로 구성된 아이들이 많았다. 한부모

가정, 조손 가정, 다문화 가정 등 초등학생들이 방과 후에 이용하는 기관이다.

아동 복지 교사의 주 업무는 일상생활 및 생활 습관 지도와 안전교육을 담당하고 있다. 센터에서는 다양한 프로그램을 원해서 나는 오후 근무를 가기 전에 일주일에 4일, 각종 프로그램을 배우러 다녔다.

아이들에게 조금이라도 도움이 되도록 배웠다. 오전 2시간 수업을 받고 출근하는 생활은 코로나19 펜더믹 기간 전까지 부지런히 배웠다. 캘리그라피, 독서 미술, 미술 심리 상담, 한국사, 우쿨렐레, 보드게임 등 사설 기간 자격증도 많이 취득하였다.

특히 시 수업은 글 쓰는 것을 좋아하는 나에게 더할 수 없이 보람 되었다. 초등학생들이 좋아하는 동시를 따라 쓰게 하고, 읽게 하고, 독해력을 키우기 위해 서너 문제도 풀게 하고, 글짓기도 하면서 아이들이 국어 기초를 다질 수 있도록 지도하였다.

가정 형편상 한글 기초가 안 된 아이들이 많았다. 글을 읽고 쓰는 것을 매일 개인지도를 했다. 아이들의 실력이 조금씩 향상되는 것을 보고 오히려 고마웠다. 아동의 부모님에게 감사하다는 인사를 들었다.

아이들과 함께 보낸 8년 동안의 시간은 무엇과도 바꿀 수 없는 값진 선물이 되었다. 나의 어릴 적 시절이 떠올라 아이들에게 더 애틋하게 다가설 수 있는 기회였다. 보라색을 좋아하는 나에게 아이들은 '보라 샘'이라고 불렀다.

순환 근무로 인해 다른 지역 아동 센터로 가기 전에, 정들었던 아이들에게 그동안 배웠던 캘리그라피 솜씨로 멋진 글귀와 함께 편지를 써주었다. 먼 훗날 아이들이 자랐을 때, 좋은 기억으로 함께하는 보라 샘이 되었으면 하는 마음이다.

마지막으로 프랭크 시나트라의 'My Way' 노래를 들으며 내가 살아온 길을 돌아본다.

(중략)

And more much more than this,

그러나 그 무엇보다 중요한 점은

I did it my way

난 나만의 길을 걸었다는 것이네

(중략)

When I bit off more than I could chew

감당하기 힘든 일들이 있었을 때

But through it all when there was doubt

그 모든 일들을 겪으며, 의심이 들기도 했지만

I ate it up and spit it out

난 결국 해내었지

I faced it all

난 당당히 받아들였고

And I stood tall

모두 버텨냈지

And did it my way

그리고 나만의 길을 걸어갔다네

(중략)

Yes,

그래,

It was my way

내가 걸어왔던 나의 길이었네 (음악 읽어 주는 엄마 가사 옮김)

나 또한 내 갈 길로 걸어간다. 어떤 일이 있더라도 나의 길을 떠난다. 그 길은 작가가 되는 길이다.

에필로그

꿈은 이루어진다.

내 손에서 드디어 화살은 시위를 떠났다.
10점 만점에 어떤 숫자에 화살이 꽂힐지 아무도 모른다.
후회는 하지 않는다. 책 쓰기에 진심으로 최선을 다했다.
내 영혼의 저 밑바닥 기억까지 진실을 다해 쓰려고 노력
했다.

61세 가정주부의 글은 거창하지 않다.

살아온 흔적을 그려냈을 뿐이다. 가장 순수했던 마음을
글로 녹여내려고 애를 썼다.
한 겹 거추장스러운 아픈 상처를 걷어낸 기분이다.
그토록 갈망하던 책 쓰기를 하면서 나의 10대를 치유 받
았다.
인생 최고의 선물을 받았다.
이런 기회가 주어진 세월이 눈물겹도록 감사하다.

삶의 긴 여정에서 잠시 기지개를 켜며 휴식을 취한다.

완성된 원고를 보면서 또다시 한번 울컥한다. 어린 소녀가 남몰래 꿈꾸던 작가의 길로 인도해 주던 모든 도움의 손길과 따스한 응원을 기억하고 있다. 지독한 외로움 속에 혼자가 아님을 순간순간 느끼며 살아왔다.

길지 않은 인생, 돌이켜 보면 짧지도 않은 인생이었음을 깨닫는다.

나이 61세,
부끄럽지 않게 남은 인생을 시작하는 중년의 출발점에서 책 쓰기는 탁월한 선택이었다고 감히 자랑하고 싶다. 기회가 왔을 때, 도전했기 때문이다.

아름답지 않은 인생은 없다.
때론 얼룩진 과거도, 먹물 같은 흔적도 무지개 찬란한 일곱 색깔로 영롱하게 반짝 빛날 수 있음을 알 수 있다.

누구도 내 인생을 함부로 재단할 수 없다.
내 인생의 주인공은 내가 되어야 한다.
좋아하는 일, 하고 싶은 일을 하면서 자신감 있게 살아보자.

어제의 눈물이 오늘 웃음꽃으로 활짝 피어날 수 있도록 포기하지 말자.

누군가에게 힘이 되는 글이기를 바란다. 작은 위로와 용기를 드릴 수 있는 책이 되기를 간절하게 소망한다. 한 권의 책이 완성되기까지 동반된 그 고통도 결국은 행복한 투정이었음을 고백한다.

그 여정에 함께 한 가족은 언제나 힘이 된다.
갈팡질팡 흔들리는 갈대 같은 마음을 누구보다 잘 어루만져 주는 존재이다.
서로 떨어져 있어도 마음은 하나로 연결된다.
누구보다도 우리 가족을 사랑한다.

책 쓰기에 도전하는 두려움을 떨쳐 버릴 수 있도록 용기를 주고, 길잡이가 되어 준 김병완 칼리지 '김병완' 대표님에게 진심으로 감사를 전한다.
감사합니다.

판권

종이책 : 값 13,000 원

초판 인쇄: 2025년 11월 30일
초판 발행: 2025년 11월 30일

지은이: 김병완
발행인: 플랫폼연구소

출판등록: 제 2020-000075호

전화: 010-3920-6036 / 02-556-6036
이메일: pflab2020@naver.com

주소:서울시 강남구 삼성동 116 백우빌딩 402호

ISBN 979-11-91396-82-9(03190)